W0180952

Das ewig Weibliche ...
Ernstes und Heiteres um Goethes Frauen

Ernst Kaufmann

Mein Dank gilt meiner Gattin Ingrid und der Ergothera-
peutin Frances Ostendorf, ohne deren Hilfe und Unterstützung dieses Buch nicht entstanden wäre.

BURGHÜGEL

> **„Der Schmerz um Liebe, wie die Liebe,
> bleibt unheilbar und unendlich."**
>
> Johann Wolfgang von Goethe

Grußwort

Johann Wolfgang von Goethe zählt zu den bedeutendsten Dichtern und Denkern in Deutschland. Seine Werke erlangten Weltruhm und gehören noch heute zum kulturellen Leben von Thüringen. Er veröffentlichte jedoch nicht nur kunst- und literaturtheoretische, sondern auch zahlreiche naturwissenschaftliche Schriften. Vom Jahr 1775 bis zu seinem Tode war Weimar der Wohnort von Johann Wolfgang von Goethe. Er wurde in Weimar zum Minister berufen, leitete verschiedene Kommissionen und war Finanzminister. Doch was war er für ein Mensch, wenn er nicht im Blickpunkt der Öffentlichkeit stand? Mit diesem Buch möchte ich Ihnen deshalb Herrn Geheimrat Goethe privat vorstellen. Er liebte das Leben und zum Leben gehört die Liebe.

Ich wünsche Ihnen viel Freude beim Lesen

Ihr
Rolf Fischer
Autohaus Fischer GmbH

Das ewig Weibliche ...
Ernstes und Heiteres um Goethes Frauen

Ernst Kaufmann

BURGHÜGEL

IMPRESSUM

ISBN 978-3-943509-00-7
© 2011 Burghügel Editionsverlag Rudolstadt
ein Imprint von PROARCERA Limited
Niederlassung Deutschland
Zweigstelle Rudolstadt
Marktstraße 9 | 07407 Rudolstadt
Tel.: 03672 / 48 96 92 0
www.edition-burghuegel.de

Coverbild:
Der junge Goethe, gemalt von Angelika Kauffmann 1787

Sonderdruck für das Autohaus Fischer GmbH Jena
Auslieferung: Burghügel Editionsverlag Rudolstadt
11,90 EUR

Inhaltsverzeichnis

BUCH DER LIEBE

von Johann Wolfgang von Goethe

Wunderlichstes Buch der Bücher
Ist das Buch der Liebe;
Aufmerksam hab' ich's gelesen:
Wenig Blätter Freuden,
Ganze Hefte Leiden;
Einen Abschnitt macht die Trennung.
Wiedersehn! ein klein' Kapitel,
Fragmentarisch. Bände Kummers,
Mit Erklärungen verlängert,
Endlos, ohne Maß ...
... doch am Ende
Hast den rechten Weg gefunden;
Unauflösliches, wer löst es?
Liebende, sich wiederfindend.

Prolog

Es gibt gewiss wichtigere Themen am Stammtisch der alten Herren als die knisternde Erotik des damals gleichaltrigen Johann Wolfgang von Goethe.

Ich habe vergessen, wie wir auf das Thema kamen. Nur die überspitzten Anspielungen von Klaus blieben in der Erinnerung hängen. Es war aber bekannt, dass er eigentlich keine Ahnung vom Leben und Werk des deutschen Dichterfürsten hatte, also spielte ich mich als Kenner und Verteidiger auf.

Schlüssigen Argumenten waren meine Freunde noch immer zugänglich gewesen. So stimmten sie mir auch sofort zu, als ich behauptete, dass kaum eine Minute seines 82-jährigen Lebens nicht von allen möglichen „Goethefreunden" seziert worden wäre, dass jeder Gedanke von ihm, ob geäußert oder nicht, und jede Handlung mit bedeutungsvollem Stirnrunzeln analysiert worden war.

Wie sollte er unter den scharfen Augen seiner Umgebung Bindungen aufgebaut haben zu Dutzenden von Frauenzimmern? Im Einzelfall vielleicht, aber massenweise?

Ich addierte im Kopf seine amorösen Kontakte und kam auf zwölf. „Mit so vielen Freundinnen küsst sich heute ein normaler Student durch das erste Studienjahr!" Meine Äußerung mag ein wenig frech und übertrieben gewesen sein, aber so ein Schwerenöter, wie meine ahnungslosen Freunde ihn hinstellten, war Goethe nun wirklich nicht. Aber er selbst stellte sich immer als Schürzenjäger dar, er wollte, dass seine Umgebung ihn als ganz tollen Weiberhelden sah. Meinen Freunden wollte ich das Gegenteil beweisen und schrieb dieses Buch.

Der junge Johann Wolfgang Goethe

Cornelia Goethe, Frankfurt a. M., Karlsruhe, Emmendingen, 1750 – 1777

Fünfzehn Monate nach Johann Wolfgang wurde seinen Eltern Johann Caspar Goethe und Katharina Elisabeth ihr zweites Kind geboren, die Tochter Cornelia Friederica Christiana.

Cornelia Goethe;
Zeichnung um 1770
von S. L. E. Morgenstern

Sie wurde ihres Bruders Gespielin in der Kindheit, später Jugendfreundin, immer aber blieb sie seine engste Vertraute. Er teilte die Entdeckungen der Umwelt mit ihr, versuchte sie mit seinem inneren Erleben und seinen äußeren Erlebnissen vertraut zu machen. Die beiden Geschwister erhielten eine gediegene Bildung und wurden gemeinsam erzogen, was in der damaligen Zeit sehr ungewöhnlich war. Die Mädchen sollten ja eigentlich in der Familie auf ihre Rolle als Ehefrau und Mutter vorbereitet werden. Cornelia ging schon mit drei Jahren in eine „Spielschule", wo ihr Lesen und Schreiben beigebracht wurde. Ab ihrem siebten Lebensjahr erhielt sie gemeinsam mit ihrem Bruder Unterricht durch einen Hauslehrer. Zunächst erlernte sie Latein und Griechisch, zwei Jahre später begannen Französisch, Italienisch und Englisch.

Familie Goethe in Schäfertracht 1763; Cornelia ganz rechts

Sie hatte sich Kenntnisse in Rechtswissenschaften, Geografie und Mathematik anzueignen, wurde im Zeichnen, bei Gesang- und Klavierunterricht ausgebildet, erlernte das Fechten und Reiten, erhielt Lektionen in Anstandslehre und Tanz. Ihre Freizeit war äußerst knapp bemessen, trotzdem fand sie noch die Zeit, ihren literarischen Interessen nachzugehen und darüber mit ihrem Bruder zu diskutieren, der in ihrer Kindheit und Jugend ihr einziger Ansprechpartner war. Bis in seine Leipziger Studentenjahre war sie auch seine einzige Vertraute, seine einzige Gefährtin, ja seine Liebe.

Zu Hause waren die beiden Geschwister unzertrennlich, sie entwickelten sogar eine eigene Sprache, die nur sie verstanden, sich aber auch ungeniert vor den Eltern damit verständigten. Die Liebe zu ihrem Bruder war die einzige Liebe, die ihr gegeben war, denn da war sie sicher vor der von ihr verhassten Sinnlichkeit. Das war nicht unwichtig für Goethes spätere Liebesbeziehungen. Es ist jedenfalls auffällig, wie viele seiner Geliebten die gleiche Veranlagung aufwiesen wie seine Schwester: eine Friederike Brion, die unverheiratet starb, eine Frau von Stein, die sieben Geburten in widerwillig ertragener Ehe über sich ergehen ließ, eine Wilhelmine Herzlieb, die nach einem völlig missglückten Eheversuch trübsinnig starb, eine Ulrike von Levetzow, die als einsame Stiftsdame aus dem Leben schied. Trotz ihrer sehr guten Ausbildung und besten Voraussetzungen durfte Cornelia jedoch nicht, wie ihr Bruder, studieren. Als Johann Wolfgang 1765 in Leipzig sein Jurastudium aufnahm, blieb sie zu Hause in Frankfurt a. M. Er setzte bildungseifrig, aber auch brüderlich treu und vertrauensvoll die engen Beziehungen noch lange schriftlich fort. Sie schrieben abwechselnd in deutscher, französischer und englischer Sprache und korrigierten sich gegenseitig. Am 27.September 1766 vermerkte der Bruder: „Das ist nicht mehr das kleine Mädchen, das meine Schülerin war. Das ist ein reifer Geist, eine Riccoboni, eine Schriftstellerin, von der ich meinerseits lernen kann." Goethe wusste wohl um die geistige Größe seiner Schwester.

Allerdings hat er die so innig geliebte Schwester in seiner Dichtung genauso wenig gestaltet wie seine Mutter. Hübsch konnte man sie nicht finden, mit ihrer großen Nase, der hohen Stirn, vor allem aber ihrem schlechten Teint, der zu Ausschlägen neigte, besonders „vor irgendwelchen Festlichkeiten oder Tänzen". Sie war keine Schönheit.

Natürlich bemerkte sie, dass sich die Einstellung ihres Bruders zu den Frauen während des Studiums in Leipzig änderte. Immer mehr lebte er sich in die damals vorherrschende männliche Vorrangstellung ein. Seine Briefe spiegelten die Unterschiede wider, die damals zwischen den Geschlechtern bestanden. Mit wachsender Härte verwies er sie darin auf ihre weiblichen Pflichten, „die

Elternhaus von Johann Wolfgang und Cornelia Goethe; Am großen Hirschgraben in Frankfurt a. M.

Haushaltung, wie nicht weniger die Kochkunst zu studieren." Cornelia litt an dieser Zurücksetzung als Frau, sah aber keine Alternative zur Ehe und den daraus erwachsenden Pflichten.

Aus dieser Zeit sind Briefe vorhanden, die sie an ihre damalige Freundin Katharina Fabricius in französischer Sprache schrieb: „Es ist offensichtlich, dass ich nicht immer Mädchen bleiben kann, überdies wäre es lächerlich, sich das vorzunehmen."

Cornelia war zu dieser Zeit insgeheim in einen jungen Engländer verliebt, der sich seit 1764 in Frankfurt aufgehalten hatte, die Stadt aber 1768 verließ, ohne sich von ihr zu verabschieden. Als ihr Bruder in den folgenden Jahren wieder in seiner Heimatstadt lebte, unterstützte sie ihn in seiner Arbeit, ermunterte ihn seinen „Götz von Berlichingen" zu dramatisieren.

Als Johann Wolfgang 1772 auf Befehl seines Vaters seine praktischen Jura-Kenntnisse am Reichskammergericht in Wetzlar verbessern musste, blieb Cornelia wieder in Frankfurt zurück und verlobte sich mit einem Freund ihres Bruders, dem Juristen Johann Georg Schlosser. Sie vermutete in ihm den gleichen Geist, der auch ihren Bruder auszeichnete und heiratete Schlosser am 1. November 1773. Ihr Mann erhielt eine hohe Beamtenstelle in der Markgrafschaft Baden, sodass beide zunächst nach Karlsruhe, später nach Emmendingen zogen.

Cornelia Schlosser konnte sich zunächst offensichtlich in der Öffentlichkeit mit ihrer Rolle als Ehefrau anfreunden und schrieb am 13. Dezember 1773 aus Karlsruhe in einem Brief an Caroline Herder: „Alle meine Hoffnungen, alle meine Wünsche sind nicht nur erfüllt – sondern weit, weit übertroffen. Wen Gott lieb hat, dem gebe er so einen Mann." Die stolze Cornelia hätte sicher nie zugegeben, nicht aus Liebe geheiratet zu haben.

Doch der sehr sinnlich veranlagte Ehemann Johann Georg Schlosser schrieb zu gleicher Zeit an seinen Schwager Johann Wolfgang: „Ihr ekelt vor meiner Liebe!" Sie war gefühlvoll und frigide, eine leider häufige und sehr unglückliche Kombination.

Goethe berichtete später in einem Gespräch mit Eckermann: „Der Gedanke, sich einem Mann hinzugeben, war ihr widerwärtig, und man mag denken, daß aus dieser Eigenheit in der Ehe manche unangenehme Stunde hervorging. Frauen, die eine gleiche Abneigung haben oder ihre Männer nicht lieben, werden empfinden, was dieses sagen will. ‚Ich konnte daher meine Schwester auch nie als verheiratet denken, vielmehr wäre sie als Äbtissin in einem Kloster recht gehalten!'"

Schon bald zeigte sich tatsächlich, dass die Ehe nicht glücklich war. Cornelia vereinsamte in der kleinen Provinzstadt Emmendingen, in der ihr Mann seine religiösen Ideen durchsetzen wollte und staatsreformerisch wirkte. Schlosser sah in ihr nur die Hausfrau, die die gesellschaftlichen Verpflichtungen der Familie wahrzunehmen hatte. Frauen betrachtete er als untergeordnete Wesen, die jede wissenschaftliche Betätigung überfordern musste und denen deshalb nur leichte geistige Unterhaltung angeboten werden konnte.

Cornelia fing an kränklich zu werden, und versank immer tiefer in Trübsinn. Ihren Haushalt führte sie nur widerwillig. Ihr Mann schrieb damals: „Jeder Wind, jeder Wassertropfen sperrt sie in die Stube und vor Keller und Küche fürchtet sie sich noch zuviel!"

Johann Wolfgang Goethe und seine Schwester Cornelia
Gemälde von Seekatz. Original im Frankfurter Goethemuseum

Abwechslung boten allenfalls Begegnungen mit Persönlichkeiten, zu denen Schlosser Kontakt hatte und die ihn in Emmendingen besuchten. Auch verband sie ein inniges Verhältnis mit Jakob Michael Reinhold Lenz, der ihr und ihrem Gatten vom Bruder „in Pflege gegeben" worden war. Lenz sprach in mehreren Dichtungen von Cornelia als seiner „Muse Urania". Sie bestimmte ihn zum Paten ihrer zweiten Tochter, der er das Gedicht „Willkommen kleine Bürgerin" zur Geburt schrieb.

Cornelia entging bei der Geburt der ersten Tochter Maria Anna Louise (Lulu) am 28.Oktober 1774 nur knapp dem Tode, erholte sich nur ganz langsam und lag fast zwei Jahre lang im Bett. Sie schrieb: „... was das heißt, als Frau und Mutter zwei Jahre lang im Bette zu liegen ohne im Stand zu seyn sich selbst einen Strumpf anzuziehen ..." Das lustige Kreischen ihres Kindes entsetzte sie. Vergessen wir darüber nicht, dass über die späteren Nachkommen Lulus der Goethestamm fortbestand.

Trotzdem war Cornelia nicht nur wegen ihrer Krankheit unglücklich. Die Ungleichheit der Temperamente und Interessen und der von ihr als schmerzlich empfundene Mangel an geistigem und geselligem Verkehr führten zu einer wachsenden Kluft zu ihrem Gatten.

Sie wurde 1776 wieder schwanger und notierte in einem Brief: „Da schleiche ich denn ziemlich langsam durch die Welt, mit einem Körper der nirgends hin als ins Grab taugt." Ihre zweite Tochter Catharina Elisabeth Julie (Juliette) wurde am 10. Mai 1777 geboren und verbrauchte die letzten Kräfte der Mutter.

Cornelia verstarb nur vier Wochen später im Alter von 26 Jahren. Ihr damals bereits berühmter Bruder hatte ihr aus Weimar acht Monate zuvor keine Zeile mehr geschrieben. In seinem Tagebuch vermerkte er am 16. Juni: „Um neune kriegte ich Briefe, daß meine Schwester todt sey ... Dunckler zerrissener Tag." Später vernichtete der Dichterfürst die gesamte Korrespondenz mit seiner Schwester.

Sein Schwager Schlosser hatte bereits 1778 die Goethe-Vertraute Johanna Fahlmer geheiratet und warf ihm einmal vor, „er habe Cornelia in höhere geistige Welten entführt", nicht erfassend, dass es dazu keiner Entführung bedurfte.

Käthchen Schönkopf, Leipzig, 1766 – 1768

Käthchen Schönkopf,
genannt Annette;
Stahlstich von A. Hüssener 1767

Als der damals 17-jährige Johann Wolfgang Goethe an der Leipziger Universität das erste Studienjahr der Rechtswissenschaften mehr schlecht als recht hinter sich gebracht hatte, verliebte er sich heftig in Anna Katharina, Tochter des Zinngießers und Weinhändlers Christian Gottlieb Schönkopf, in dessen Pension er seinen Mittagstisch während der Leipziger Studienzeit nahm.

Sie war die Krone all seiner wahren und eingebildeten Studentenlieben. Auch bei den Verhältnissen zu „Mädgens" hatte er nämlich eine ausgesprochen lebhafte Phantasie. Es brauchte nur einer seiner Mitstudenten eine Schwester oder Nachbarin zu erwähnen, sogleich erzählte er seiner Umgebung von seiner angeblich neuen Freundin. Dabei hatte er die Mädchen in ihrer Mehrheit meist nicht einmal gesehen. Endlich, nach einem Studienjahr, hatte er es wenigstens mit Käthchen Schönkopf zu einer realen Freundin gebracht.

Ein Studienfreund beschrieb sie seinen Eltern als wohl gewachsen, wenn auch nicht sehr groß, mit einem runden freundlichen Gesicht, wenn auch nicht übermäßig hübsch. Sie hätte eine offene und sanfte Miene, wäre freimütig, ohne Koketterie, besitze einen artigen Verstand, ohne jemals eine Erziehung genossen zu haben. Sie wäre tugendhaft und unschuldig.

In seiner Autobiografie „Dichtung und Wahrheit" beschrieb Goethe sie als eine kleine Heilige, jung, hübsch, munter und liebevoll, sittsam und wert, geehrt zu werden. Sie war drei Jahre älter als er und vermutlich um einiges reifer, scheint deshalb auch anfangs eher reserviert und zurückhaltend gewesen zu sein. Sicher war ihr klar, dass eine Liaison zwischen einem Patriziersohn und der Tochter eines Zinngießers nicht standesgemäß war, was natürlich auch dem jungen Goethe bewusst sein musste. In der Literatur findet man Hinweise, dass in die poetische Person des Käthchens durchaus die Persönlichkeiten von weiteren „Geliebten" eingegangen sein könnten, mit denen Goethe wohl einmal ausgegangen war und mit denen er sich manchmal noch von Frankfurt aus schrieb. Etwas Ernsthaftes war das aber keinesfalls.

Goethes Vertrauter in der Beziehung zu Käthchen bzw. Annettchen, wie sie gerufen wurde, war der zehn Jahre ältere Ernst Wolfgang Behrisch, der Hofmeister des unehelichen Grafen Lindenau und Spezialist in allen Fragen des eleganten und galanten Lebens und der Poesie. Er war Goethes Vertrauter für die feurigen Briefepisteln, auch häufig Anstifter für allerlei Unfug und Umgang mit Mädchen, „die besser waren als ihr Ruf", wie Goethe vorsichtig bemerkte. Ob er als Student in Leipzigs galantes Leben eintauchte oder nicht, hat uns niemand hinterlassen. Aber das übliche Studentenleben war wohl nicht seine Sache. Aus gehöriger Entfernung schilderte er es uns, denn er rauchte nicht, er tanzte selten, er trank mäßig, ja nicht einmal raufen tat er, obwohl er einen Degen trug. Er war nicht so sehr empfindlich, als vielmehr ängstlich. So zog er sich meist von den großen Gesellschaften zurück und flüchtete in einen Familienkreis mit Kindern und alten Jungfern, wo ihm nichts passieren konnte.

Der bedeutende Goethe-Biograf Richard Friedenthal sagte das 1963 so:

„Goethe ist weit davon entfernt, der stürmische Götterjüngling zu sein, als der er so gern gedacht wird. Er ist vorsichtig im Leben und kühn auf dem Papier. Das gilt nicht nur für diese Leipziger Zeit, und nur deshalb sind diese sonst unbedeutenden Mädgens der Erwähnung wert."

Goethedenkmal auf dem Leipziger Naschmarkt; Goethe als Student mit Gedichtbüchlein

Während seiner Studienzeit in Leipzig bummelte er gern durch die Gassen und Kneipen der Altstadt, wo der Ton freier und die Sitten lockerer waren als in vielen anderen deutschen Städten. Deshalb nannte er Leipzig auch später „mein Klein-Paris".

Damals war er mit seinem Freund Behrisch hinter ein und derselben attraktiven jungen Frau her, mit der beide gern ein Rendezvous gehabt hätten. Goethe meinte, sie wäre eine Kokotte. Behrisch hingegen behauptete, sie würde der besseren Leipziger Gesellschaft angehören. Sie schlossen eine Wette ab. Sie gingen der Sache nach. Sie hatten beide recht.

Durch seine Liebe zu Käthchen wurde Goethe zum Dichten verspielter Lyrik im Stile des Rokoko angeregt. Dazu gehörten vor allem die von Behrisch gesammelten Annettenlieder, darunter das berühmte Lied „Annette an ihren Geliebten":

> *Ich sah wie Doris bey Damöten stand,*
> *Er nahm sie zärtlich bey der Hand;*
> *Lang sahen sie einander an;*
> *Und sah'n sich um,*
> *ob nicht die Aeltern wachen,*
> *Und da sie niemand sah'n,*
> *Geschwind – Genug sie machten's,*
> *wie wir's machen.*

Käthchen wirkte, wie übrigens auch andere Frauen, mit ihrer sanften Natur ausgleichend auf das ungeheure Temperament des jungen Goethe. Sie erschien ihm als vollkommene und reizende Dame und befreite ihn dadurch aus seinen jugendlichen Zweifeln an der bürgerlichen Gesellschaft.

Bei aller Liebe nach außen litt das Verhältnis jedoch von Anfang an unter Goethes extremer Eifersucht auf echte oder vermeintliche Nebenbuhler.

Nach schlimmstem „Familienkrach" mit laut Goethe „schrecklichen Szenen, nach denen ich Käthchen wirklich verlor" wurde das Verhältnis im Frühjahr 1768 gelöst. Johann Wolfgang fand im Dichten Trost und kurierte sich vor allem von den durchgemachten Erschütterungen beim Schreiben des Schäferspiels „Die Laune des Verliebten". Darin wurde ein eifersüchtiger Liebhaber dadurch geheilt, dass er erkannte, dass auch er untreu sein konnte.

Auch nach dem Ende ihrer Liaison richtete Goethe durchaus galante Briefe an die ehemalige Dame seines Herzens, so am 1. November 1768: „... Ich dancke Ihnen für eine so unerwartet schnelle Antwort, und bitte Sie auch inskünftige, in angenehmen muntern Stunden an mich zu dencken, und wenn es seyn kann an mich zu schreiben; Ihre Lebhafftigkeit, Ihre Munterkeit, Ihren Witz zu sehen, ist mir eine der größten Freuden, er mag so leichtfertig, so bitter seyn als er will. [...]"

Johann Wolfgang Goethe 1766 als Student in Leipzig

Anna Katharina heiratete 1770 den Juristen Christian Karl Kanne, der später Vizebürgermeister von Leipzig wurde. Goethe besuchte sein „erstes Mädgen" noch einmal 1776 in Leipzig, nachdem er seinen Wohnsitz von Frankfurt nach Weimar verlegt hatte.

Friederike Brion, Sessenheim, 1770/1771

Friederike Brion in Elsässer Tracht; Stich von P. Th. Falex nach einem alten Porträt 1770

Die Pfarrerstochter Friederike Elisabeth Brion wurde vermutlich 1752 in Niederrödern im Elsass geboren. Das ist deshalb ein klein wenig unbestimmt, da die Kirchenbücher auch im Elsass in den Wirren der Französischen Revolution vernichtet worden waren. Sie war das dritte von fünf überlebenden Kindern der Pfarrersfamilie Jakob Brion. Der Vater nahm 1760 eine Stelle als Dorfpfarrer im elsässischen Sessenheim an, das von Goethe stets Sesenheim geschrieben wurde. In dem gastfreundlichen Pfarrhaus verlebte das hübsche, lebensfrohe, wenn auch etwas kränkliche Mädchen ihre Kinder- und Jugendjahre.

Johann Wolfgang Goethe sollte nach einer längeren Krankheit von 1770 bis 1771 in Straßburg nach dem Willen des Vaters sein in Leipzig begonnenes Jurastudium abschließen. Aber er war weder der fleißigste noch der befähigtste Student. Er hatte viel mehr Interessen, als nur hinter den Büchern zu sitzen und für die Prüfungen zu pauken. Genügend Interessen jedenfalls für die 17 Monate, die sein Vater für das Studium in Straßburg vorgesehen hatte. Im Wirtshaus „Zum Geist" in der Nähe des Münsters nahm er sich ein Zimmer. Bis zum Vorrat des guten elsässischen Weins hatte er da nur einen kurzen Weg. Am Mittagstisch in der Nähe traf er Studenten, Juristen und Mediziner, aber auch angehende Dichter. Kam es zu hitzigen Debatten, gab es auch einen Schiedsrichter der Streitereien, der hieß Lerse und war der besondere Freund Goethes. Im „Götz von Berlichingen" schuf er ihm ein literarisches Denkmal, eine der wackeren Figuren hieß dort Franz Lerse.

Studierte er eigentlich auch in Straßburg? Natürlich. Die Juristen mussten damals vor allem über das gegen-

wärtige Recht Bescheid wissen. Viel Mühe mit dem Examen gab er sich nicht.

Er schrieb sechsundfünfzig Thesen in Latein und ließ diese drucken. Nach einigem Hin und Her reichte das der Universität gerade noch, um Goethe zum Lizentiaten zu machen.

Da konnte er Anwalt in Deutschland werden und so ganz nebenbei nannte man ihn nun auch noch Herr Dr. Goethe.

Straßburg wird vom Münster überragt

Was nutzte ihm die Juristerei? Er lernte Herder, Lenz und andere Dichter kennen, Freunde fürs Leben.

Er entwarf die ersten Szenen seines „Götz" und dachte an seinen „Faust". Und später schrieb er Lieder.

Auf großen Bällen sah man Goethe ganz selten. Seine Tanzkünste reichten nicht aus, obwohl sich die beiden bildhübschen Töchter des Tanzmeisters alle Mühe gaben. Nach der Tanzstunde zettelte er mit ihnen gar eine Liebelei an, die in einer Eifersuchtsszene zwischen den beiden Mädchen endete. Lucinde ging plötzlich auf ihn zu, ergriff seinen Kopf und küsste ihn leidenschaftlich. Dabei rief sie den Fluch auf jene herab, die ihn nach ihr küssen werden. „Unglück über Unglück für immer und ewig!" Der Fluch ging in Erfüllung, nicht nur in der nächsten Zeit, sondern in Goethes ganzem Leben. Fast keine seiner Geliebten wurde glücklich.

Goethe genoss den Aufenthalt in Straßburg. Ausflüge führten ihn nach Lothringen, in die Vogesen, nach Saarbrücken, an den Rhein und Anfang Oktober 1770 kam er mit seinem elsässischen Studienfreund Friedrich Leopold Weyland nach einem sechsstündigen Ritt zum ersten Mal in das 40 Kilometer nordöstlich von Straßburg gelegene Dörfchen Sessenheim. Dieser Ausflug sollte eine der bekanntesten Liebesepisoden der Literaturgeschichte zur Folge haben.

Die beiden Studenten ließen ihre Pferde im Wirtshaus und begaben sich zu Fuß ins Pfarrhaus. Goethe berichtete später in „Dichtung und Wahrheit" von diesem ersten Zusammentreffen als 21-jähriger mit der 18-jährigen Friederike Brion: „In diesem Augenblick trat sie wirklich in die Tür, und da ging fürwahr an diesem ländlichen Himmel ein allerliebster Stern auf. [...] Schlank und leicht, als wenn sie nichts an sich zu tragen hätte, schritt sie, und beinahe schien für die

Goethe ließ seine Freunde wissen: „Durch das grenzenlose Glück der Liebe meldete sich bei mir unversehens die Lust zu dichten wieder, die ich lange nicht gefühlt hatte." Im Frühjahr 1771 widmete er Friederike eine Reihe von Gedichten und Liedern, die „Sesenheimer Lieder".

gewaltigen blonden Zöpfe des niedlichen Köpfchens der Hals zu zart.

Aus heiteren blauen Augen blickte sie sehr deutlich umher, und das artige Stumpfnäschen forschte so frei in die Luft, als wenn es in der Welt keine Sorge geben könnte. Der Strohhut hing am Arm, und so hatte ich das Vergnügen, sie beim ersten Blick auf einmal in ihrer ganzen Anmut und Lieblichkeit zu sehen und zu erkennen.«

Das Pfarrhaus zu Sessenheim; Rötelzeichnung von Goethe 1770/71

Goethe kam mit dem Pfarrer ins Gespräch. Es ging um den Umbau des Hauses. Mehr ging es dem Gast allerdings um die Tochter des Hauses, die Friederike. Es war eine gastfreundliche Familie, zu der viele Neffen und Nichten, Onkel und Tanten gehörten, die ihn in ihren Kreis aufnahmen. Das ganze Leben spielte sich im Kreis dieser Familie ab, auch alle Mahlzeiten. So kamen sie in immer engeren Kontakt. Eine alte Dame, die Goethes Jugendliebe Friederike Brion noch gut gekannt hatte, da sie seinerzeit im Pfarrhaus ein- und ausgegangen war, bestätigte, dass bei Goethe die Liebe wohl oft durch den Magen ging.

„Da war ich einmal zu Tisch in der Pfarrei in Gesellschaft. Die Friederike versorgte die Kinder und Jugendlichen in der Nebenstube, deren Eltern und andere Fremde speisten im größeren Zimmer. Nun sah ich, wie die Friederike aus einer Schüssel Hühnerfrikassee die besten Bissen aussuchte, die Leberchen und Bruststücke und so weiter. Ich sprach: ‚Frau Base, was ist mit der Friederike? Die ist doch sonst so demütig, und nun nimmt sie das Beste vom Essen?' – ‚Ach', spricht sie, ‚lass sie nur, das ist nicht für sie. Schau nur in die andere Stube, da sitzt ein junger Herr, zu dem werden die guten Bissen schon den Weg finden!' Ich schau hin und sehe da einen schmucken jungen Studenten sitzen. Der bekam alles. Das war Goethe."

In den nächsten Monaten kam er noch häufig nach Sessenheim und hielt sich immer länger im Pfarrhaus auf. Mit Friederike durchstreifte er die nächste Umgebung, sie unternahmen Kahnfahrten in den damals noch weitläufigeren Rheinauen, gingen im Mondschein, aber auch am Tage am Fluss spazieren und besuchten Bekannte seiner Angebeteten. Für das Jahr 1771 wurde der kleine Ort für sie beide der Mittelpunkt der Erde.

Einen weiten Spaziergang bis hinunter an den Rhein unternahmen eines Tages die beiden Liebenden. Bitter beschwerte sich Goethe nach ihrer Rückkehr bei Vater Brion „über die unerträgliche Störung einer der schönsten Lustpartien, wo die Neigung von uns

*Johann Wolfgang Goethe
und die Pfarrerstochter Friederike Elisabeth Brion*

Liebenden mit dem guten Erfolge des Unternehmens nur zu wachsen schien."

Doch die Schnaken hätten sie beinahe schon am Gottesglauben zweifeln lassen. Der Pastor rief den Herrn Studenten zur Ordnung und erinnerte daran, dass Mücken und anderes Ungeziefer erst nach dem Sündenfall entstanden seien. Goethe hielt dagegen. „Es hätte gewiss des Engels mit dem Flammenschwerte nicht bedurft, um das sündige Ehepaar aus dem Garten Eden zu vertreiben. Das hätten auch Schnaken an Euphrat und Tigris vermocht."

Durch das grenzenlose Glück der Liebe meldete sich bei ihm „unversehens die Lust zu dichten wieder hervor, die er lange nicht gefühlt hatte", wie Goethe seine Freunde wissen ließ. Im Frühjahr 1771 widmete er Friederike eine Reihe von Gedichten und Liedern, die manchmal mit bunt bemalten Bändern an die Geliebte gesandt wurden.

Diese „Sesenheimer Lieder", vor allem das „Mailied", „Willkommen und Abschied" und das „Heidenröslein" gehörten maßgeblich zum „Sturm und Drang" und begründeten Goethes Ruf als Lyriker. Das schönste ist gewiss das „Mailied":

Wie herrlich leuchtet
Mir die Natur!
Wie glänzt die Sonne,
Wie lacht die Flur!
Oh Mädchen, mein Mädchen,
Wie lieb ich Dich!
Wie blickt Dein Auge!
Wie liebst Du mich!

Die letzten Zeilen des Gedichtes gingen nicht in Erfüllung.

> *Sei ewig glücklich,*
> *Wie Du mich liebst.*

In der Familie Brion sah man beide bereits als Verlobte an. Doch Goethe zögerte. Er wollte keine bürgerliche Ehe eingehen und sich für das ganze Leben binden.

So war die aufgeflammte Liebe nicht von langer Dauer. Schon im Frühsommer dachte Goethe bereits wieder daran, die Beziehung zu beenden. Für seine Freunde verglich er seine unruhige Seele mit dem „Wetterhähnchen drüben auf dem Kirchturm." Am 7. August sah er seine Friederike vor seiner Heimkehr nach Frankfurt a. M. zum letzten Mal: „Als ich ihr die Hand noch vom Pferd herunter reichte, standen ihr die Tränen in den Augen, und mir war übel zumute." Schon eine Woche später verließ er das herrliche Elsass. Erst aus Frankfurt schrieb er an Friederike einen Brief, der das Liebesabenteuer endgültig beendete.

Am Ende tat es ihm leid, aber er änderte nichts mehr: „Ihre Antwort zerriss mir das Herz, stets empfand ich, daß sie mir fehlte, und was das Schlimmste war, ich konnte mir mein eigenes Unglück nicht verzeihen. Hier war ich zum ersten Mal in meinem Leben schuldig. Doch der Abschied war endgültig!"

Mindestens noch einmal kehrte Goethe, nunmehr als „Geheimer Rat", auf den Pfarrhof von Sessenheim zurück, 1779 auf einer Reise in die Schweiz. Er wurde dort „freundlich und gut aufgenommen."

Im Sommer 1772 warb Goethes Freund, der Dichter Jakob Michael Reinhold Lenz, um die noch an großem Liebeskummer leidende Friederike. Doch auch daraus wurde nichts und sie blieb bis an ihr Lebensende unverheiratet.

Bis zum Tod ihres geliebten Vaters 1787 bewohnte sie noch ihr Elternhaus, danach zog sie mit ihrer jüngeren Schwester Sofie zu ihrem Bruder Christian auf die Pfarrei Rothau im Steintal. Ihren Lebensunterhalt verdienten die Mädchen mit dem Verkauf von Web-, Steingut- und Töpferwaren sowie Handarbeiten. Einige Zeit unterhielten sie auch ein Pensionat für Mädchen aus Sessenheim und Umgebung vor allem zum Erlernen der französischen Sprache.

1801 siedelte Friederike zur Unterstützung ihrer kränkelnden Schwester ins Pfarrhaus nach Diersburg über und folgte der Familie auch vier Jahre später ins badische Meißenheim. 1807 starb die Schwester und Friederike blieb bei ihrem Schwager. Auch sie war nicht bei bester Gesundheit und musste Anfang 1813 ihre Schwester Sofie bitten, sie zu versorgen.

Im April 1813 verstarb sie und wurde auf dem Meißenheimer Friedhof bestattet. Der Grabstein, der heute noch dort zu sehen ist, stammte von dem Bildhauer Wilhelm Hornberger, wurde aber erst 1866 auf der völlig verwahrlosten Grabstätte errichtet. Seine Inschrift lautet: „Ein Strahl der Dichtersonne fiel auf sie, so reich, daß er Unsterblichkeit ihr lieh."

Nachdem Goethe in seiner „Dichtung und Wahrheit" die Liebesgeschichte veröffentlicht hatte, begann der Kult um Goethe und Friederike. Die Goetheverehrer pilgerten in Massen nach Sessenheim. Das erlebte

Friederike freilich nicht mehr. Viele Jahrzehnte nach Goethes Liaison mit der Pfarrerstochter Friederike Brion besuchte ein Goethe-Forscher das elsässische Dorf Sessenheim. Dieser fand tatsächlich unter den Einwohnern ein altes Mütterchen, das sich noch an die Freun-

Goethe und Friederike in Sessenheim; Gemälde von Seeger

din Goethes und die Romanze zwischen den beiden erinnern konnte: „Er war ein hübscher junger Mann, der Herr Goethe, und wir glaubten damals alle, er werde die Friederike heiraten. Aber dann blieb er plötzlich weg und wir haben nie wieder etwas von ihm gehört."

Das Pfarrhaus ist heute längst abgerissen, doch die Scheune steht noch und wird liebevoll gepflegt. In der neuen Kirche befindet sich das alte Kirchengestühl aus der Goethezeit, und an einer Wand wird von Goethe und Friederike berichtet. Im Goethemuseum in Sessenheim wurde viel Material über die beiden und ihr Verhältnis zueinander zusammengetragen.

Heidenröslein
von Johann Wolfgang Goethe

Sah ein Knab ein Röslein steh'n,
Röslein auf der Heiden,
War so jung und morgenschön,
Lief er schnell, es nah zu seh'n,
Sah's mit vielen Freuden.
Röslein, Röslein, Röslein rot
Röslein auf der Heiden.

Knabe sprach: „Ich breche Dich,
Röslein auf der Heiden!"
Röslein sprach: „Ich steche Dich,
Dass Du ewig denkst an mich
Und ich will's nicht leiden".
Röslein, Röslein, Röslein rot
Röslein auf der Heiden.

Und der wilde Knabe brach
's Röslein auf der Heiden;
Röslein wehrte sich und stach,
Half ihm doch kein Weh und Ach,
Musst es eben leiden.
Röslein, Röslein, Röslein rot,
Röslein auf der Heiden.

Charlotte Buff, Wetzlar, 1772

Charlotte Buff;
Pastellgemälde von I. H. Schröder

Der Vater Goethes war nach dem juristischen Studium seines Filius in Leipzig und Straßburg mit dessen Fachkenntnissen außerordentlich unzufrieden.

Das soll ja auch heute noch vorkommen, dass die Kinder im Studium die Erwartungen der Eltern nicht erfüllen.

Vater Goethe wusste sich im Mai 1772 zu helfen. Er schickte seinen 23-jährigen Sohn Johann Wolfgang nach Wetzlar an das Reichskammergericht. Dort sollten die Lücken in den Rechtskenntnissen durch eine zusätzliche Ausbildung geschlossen werden. Der Junior schrieb sich in die Liste der Rechtsreferendare ein. Weitere juristische Tätigkeiten waren ihm in Wetzlar nicht nachzuweisen. Doch wurde er in eine Tafelrunde junger Assessoren und Diplomanten im Gasthof „Zum Kronprinzen" unter dem sinnigen Spitznamen „Götz, der Redliche" eingeführt. Es war eine Tafelrunde des gesteigerten Blödsinns.

Viel wichtiger war es für ihn, dass er am 9.Juni, die 19-jährige Tochter des Deutsch-Orden-Amtmannes Heinrich Adam Buff und Magdalena Ernestina Feyler,

Charlotte Sophie Henriette Buff kennen lernte. Sie war das zweite von insgesamt 16 Geschwistern. Goethe sollte sie und ihren Verlobten, den Legationssekretär Johann Christian Kestner, zu einem Ball in das damalige Jägerhaus im benachbarten Dorf Volpertshausen abholen und begleiten.

Das Gebäude ist heute ein Heimatmuseum und erinnert an das denkwürdige Ereignis, das von Goethe in seinen „Leiden des jungen Werthers" ausführlich beschrieben wurde. Im Ballsaal sind Bilder der damaligen Ballbesucher zu sehen. Natürlich fehlt auch Charlotte Buff nicht, die auf einem Gemälde von Friedrich Raab nach einem Kupferstich von Wilhelm von Kaulbach dargestellt wurde, wie sie im Hof des Deutsch-Orden-Hauses gerade ihren Geschwistern Brot schneidet.

Eigentlich umwarb Goethe zu dieser Zeit gerade die 17-jährige Johannette Lange. Doch Charlotte bezauberte ihn sowohl durch ihre äußere Erscheinung, als auch durch ihre offene Art. Sie war ein hübsches, gesundes Mädchen, „ein wünschenswertes Frauenzimmer" nach Goethes Auffassung. Wie im „Werthers" beschrieben, tanzte er den ganzen Abend mit ihr. Wie Lotte die ganze Festgesellschaft während eines Gewitters mit einem Spiel ablenkte, imponierte ihm sehr.

Der hannoversche Legationssekretär Kestner lebte eigentlich nur für seine Tätigkeit. Er war einer der wenigen Wetzlarer, die ganz ernsthaft arbeiteten und nicht nur Blödsinn trieben. Umso mehr Zeit hatte Goethe, sich dessen Verlobter zu widmen, die nach dem frühen Tod der Mutter 1771 den väterlichen Haushalt führen und ihre jüngeren Geschwister versorgen musste. In dem herrlichen Sommer wurde Goethe als Liebhaber immer leidenschaftlicher. Lotte mochte ihn zwar gern, andererseits sah sie in Kestner ihren zukünftigen Ehemann. Mit ihm war sie bereits mit 15 Jahren, also seit 1768, verlobt und heiratete ihn 1773.

Mit den Geschwistern Lottes, ja selbst mit ihrem Verlobten Kestner verstand sich Goethe bald sehr gut. Von Letzterem ist eine Einschätzung Goethes überliefert, die letzte unbefangene vielleicht, denn alle späteren schätzten ja immer nur den weltberühmten Dichter des „Werthers" und des „Faust" ein.

An einen Freund schrieb Kestner: „Im Frühjahr kam hier ein gewisser Goethe aus Frankfurt an, seiner Hantierung nach Dr. juris, 23 Jahre alt, einziger Sohn eines reichen Vaters, um sich hier, das war die Absicht seines Vaters, in praxi umzusehen. Die seinige aber war, den Homer, Pindar und andere zu studieren und was sein Genie, seine Denkungsart und sein Herz ihm weiter für Beschäftigungen eingeben würden. [...] Er hat sehr viele Talente, ist ein wahres Genie und ein Mensch von Charakter, besitzt eine außerordentlich lebhafte Einbildungskraft, daher er sich meistens in Bildern und Gleichnissen ausdrückt. Er ist in allen Affekten heftig, hat jedoch oft viel Gewalt über sich. Seine Denkungsart ist edel. Von Vorurteilen frei, handelt er, wie es ihm einfällt, ohne sich darum zu kümmern, ob es anderen gefällt, ob es Mode ist, ob es die Lebensart erlaubt. Aller Zwang ist ihm verhasst. Er liebt die Kinder. Bei Kindern, Frauenzimmern und vielen anderen ist er sehr wohl angeschrieben. Für das weibliche Geschlecht hat er sehr viel Hochachtung. In principiis ist er noch nicht fest und strebt erst nach einem gewissen System. Er geht weder in die Kirche, noch betet er. Er strebt nach Wahrheit, jedoch mehr vom Gefühl als von ihrer Demonstration her."

Goethe versuchte alles, um Lotte von Kestner zu trennen. So kündigte er ihm gegenüber an, dass er die nächste Nacht mit ihr im Mondenschein unter einer dicken Linde in Garbenheim verbringen würde. Kestner wurde nicht nervös. Er erklärte Goethe, er solle sich keine Flausen in den Kopf setzen. Und seiner Braut schrieb er: „Als Freund muss ich ihnen sagen, daß nicht alles Gold ist, was glänzt. Daß man sich auf die Worte, welche vielleicht aus einem Buche nachgesagt oder nur deshalb gesagt werden, weil sie glänzend sind, nicht verlassen kann." Seine Worte verfehlten ihre Wirkung nicht.

Am 10. September unterhielten sich alle drei noch einmal sehr ernsthaft über den Tod und was danach kommen könnte. Goethe wusste jetzt, dass dieses hübsche, blonde und häusliche Mädchen ihren Kestner zwar nicht unbedingt feurig, aber dennoch unverbrüchlich liebte. Diese Aussichtslosigkeit des Aufbaus einer Liebesbeziehung zu Lotte belastete Goethe in hohem Maße. Er war unfähig, seine Zuneigung und seine Eifersucht zu zügeln. Schon am nächsten Morgen flüchtete er, wenn auch „nicht ohne Schmerz". Er hinterließ Kestner eine Nachricht: „Er ist fort, Kestner, wenn Sie diesen Zettel kriegen ist er fort. Geben sie Lottchen inliegenden Zettel. Ich kann Ihnen im Augenblick nichts sagen als: Leben Sie wohl."

Er wanderte die Lahn entlang, genoss einige Bäder in Ems und traf auf der Festung Ehrenbreitstein über

Koblenz die Familie LaRoche. Deren älteste Tochter, Maxe genannt, gefiel ihm mit ihren schwarzen Augen sehr. Später schrieb er: „Es ist eine sehr angenehme Empfindung, wenn sich eine neue Leidenschaft in uns zu regen beginnt, ehe die alte noch ganz verklungen ist!" Wenig später, am 30. September, erschoss sich in Wetzlar der braunschweigische Gesandtschaftssekretär Carl Wilhelm Jerusalem aus unglücklicher Liebe.

Deutschordenshof in Wetzlar; Silberstiftzeichnung von C. Stahl

Er war ein hochintelligenter, sehr empfindsamer junger Mann. Aber er schwärmte wie Goethe aussichtslos für eine fast verheiratete Dame.

Damit er sich überhaupt erschießen konnte, lieh er sich von Kestner dessen Pistole mit der Begründung, er wolle eine gefährliche Reise unternehmen. Der Selbstmord geschah in der Wohnung des Carl Wilhelm Jerusalem am heutigen Schillerplatz, in einem imposanten Fachwerkhaus.

Goethe beging bei seiner Rückkehr nach Frankfurt keinen Selbstmord aus Liebesschmerz. Die Jahre 1772 bis 1774 waren für den Dichter außerordentlich fruchtbar: Sein „Götz von Berlichingen" erschien und viele Gedichte wurden aus der Taufe gehoben. In „Hanswursts Hochzeit" parodierte er den gerade geschriebenen Faustmonolog:

> *Hab ich endlich mit allem Fleiß*
> *Manchem moralisch politischen Schweiß*
> *Meinen Mündel Hanswurst erzogen*
> *Und ihn ziemlich zurechtgebogen ...*

> *Und ich habe keinen Appetit*
> *Als ich nahm Ursel auf'n Boden mit*
> *Auf'm Heu und auf'm Stroh*
> *Jauchzten wir in dulci jubilo.*

Doch 1774, 18 Monate nach dem Selbstmord des Jerusalem, fuhr er nach Wetzlar und ließ sich von Kestner alle Einzelheiten ausführlich schildern, dann setzte er sich an sein Schreibpult und schrieb den Roman der Weltliteratur „Die Leiden des jungen Werthers". Zur Handlung:
Werther (Jerusalem/Goethe) lernte Lotte (der Name blieb, aber sie erhielt die schwarzen Augen der Maxe LaRoche) auf einem Fest kennen und verliebte sich in sie. Doch Lotte war mit Albert (Kestner) liiert. Werther litt sehr und beging Selbstmord. Roman und Wirklichkeit, Dichtung und Wahrheit gingen unlösbar ineinander über. Noch 1774 erschien der Roman in Briefform, ein großer Erfolg für Goethe, der sich mit seinem „Götz"

und seinem „Werther" an die Spitze der Sturm-und-Drang-Epoche der deutschen Literatur katapultierte. Dabei muss festgestellt werden, dass zu Lebzeiten Goethes eigentlich nur diese beiden Werke breite Aufmerksamkeit erzielten. Jetzt wurde Goethe in ganz Europa berühmt. Man pilgerte zu dem 25-jährigen nach Frankfurt und riss sich um seine Freundschaft. Im Wetzlaer „Lottehaus", dem ehemaligen Deutsch-Orden-Haus nahe dem Dom, findet der Besucher alles über Goethe, Lotte und Werther, Übersetzungen des Romans in 32 Sprachen, unzählige Werther-Fortsetzungen, -Parodien, -Schauspiele. In manchen Ländern wurde der „Werther" wegen seiner „Gefährlichkeit" als Anregung zum Selbstmord für empfindsame Naturen verboten. Doch das alles machte den Roman nur noch bekannter.

Lotte Buff heiratete ihren Kestner, der wenig später zum Hannoverschen Hofrat befördert wurde. Sie führten eine glückliche Ehe. Sie zogen nach Hannover, wo ihnen acht Söhne und vier Töchter geboren wurden. Charlotte leitete das große Hauswesen und blieb auch der Bezugspunkt der weit verstreuten Familie, als ihr Gatte 1800 verstarb.

Mit Goethe hatte sie weiterhin brieflichen Kontakt und veranlasste, dass er einem ihrer Söhne behilflich war, sich als Arzt in Frankfurt niederzulassen. Doch dazu musste dieser erst eine Frankfurterin heiraten. So streng waren damals die Bräuche.

Lotte besuchte 1816, 44 Jahre nach dem Sommer in Wetzlar, ihre jüngste Schwester Amalie Ridel in Weimar, deren Ehegatte Cornelius Erzieher des Erbprinzen Karl Friedrich war. Hier in Weimar traf sie auch Goethe.

Charlotte Buff,
die Goethe als Vorlage für
die Figur der Lotte in seinem
Werther-Roman diente

Der aber war keineswegs begeistert, er wollte nicht an seine Vergangenheit erinnert werden.

Thomas Mann hat ihren Besuch 1939 in seinem Roman „Lotte in Weimar" liebevoll ironisch geschildert.

Charlotte starb 1828 im 75. Lebensjahr. Ihr Grab befindet sich auf dem Gartenfriedhof in Hannover. Das klassizistische Grabmal stammt vom Ehemann ihrer Enkelin, dem Hannoverschen Architekten Georg Ludwig Friedrich Laves. Bei thematischen Stadtführungen wandert man heute in Wetzlar durch die Stadt, zusammen mit Lotte durch ihr Geburts- und Wohnhaus und dann untermalt mit Zitaten aus den „Leiden des jungen Werthers" durch die Natur nach „Wahlheim".

Hier in Garbenheim endet der Spaziergang auf dem Goetheplatz. Auf Wunsch aber auch an einer Kaffeetafel im Heimatmuseum, das in der Goetheecke ein Kästchen ausstellt, gefertigt aus dem Holz jener Linde, unter der Goethe angeblich so gern saß und von seiner Lotte träumte.

Lili Schönemann, Offenbach a. M., 1775

Lili Schönemann;
Pastell von F. P. Frei

Der Bekanntenkreis des Rechtsanwaltes Johann Wolfgang Goethe in Frankfurt a.M. war klein und er war dessen schon lange überdrüssig.
Es waren nicht die standesbewussten Frankfurter, die Patrizier- und Bankierssöhne.
Die dachten bei seinem Anblick immer an seinen Vorfahren, den Schneider und Weinhändler Goethe.
Sie fanden ihn nicht ebenbürtig. So war er glücklich, von einem Freund im Januar 1775 in eine der nach außen reichsten Frankfurter Bankiersfamilien eingeführt zu werden, in die Familie Schönemann. Die führten ein großes Haus, es wurde dort hoch gespielt, man machte Musik. Sicher wäre dem 26-jährigen Herrn Goethe die Ehre der Einladung trotzdem nicht widerfahren, wäre er nicht der gefeierte Autor des „Götz von Berlichingen", vor allem aber des Romans „Die Leiden des jungen Werthers" gewesen, mit denen er sich zu einem der führenden Vertreter der „Sturm-und-Drang-Epoche" der deutschen Literatur entwickelt hatte.
Nach seinen literarischen Erfolgen war Goethe von allen Seiten aufgefordert worden zu schreiben. Wie nie

wieder in seinem langen Leben zwang er sich dazu, wurde sogar seiner Gewohnheit untreu, dem Liegenlassen und Warten auf geniale Einfälle, um alles wieder umzuarbeiten und zu verbessern. Jetzt schrieb er und ließ es anschließend sofort drucken. Da ging der junge, noch nicht vom Leben gebeutelte und geschliffene Goethe ganz aus sich heraus: „Mit Mädels sich vertragen, mit Männern rumgeschlagen, und mehr Kredit als Geld, so kommt man durch die Welt!" Und im echten Geniestil begehrte er auf gegen die Vorwürfe eines väterlichen Freundes: „Wisst Ihr die Bedürfnisse eines jungen Herzens, wie meines ist? Ein junger toller Kopf? Wo habt Ihr einen Schauplatz des Lebens für mich? Eure bürgerliche Gesellschaft ist mir unerträglich! Will ich arbeiten, muss ich Knecht sein! Will ich mich lustig machen, muss ich Knecht sein! Muss nicht einer, der halbwegs etwas wert ist, lieber in die weite Welt gehen?"

Vorläufig ging er jedoch noch nicht in die weite Welt, sondern stand im geräumigen Wohnzimmer der Bankiersfamilie Schönemann in Frankfurt und lauschte dem brillanten Klavierspiel der anmutigen 16-jährigen Tochter des Hauses, Anna Elisabeth, genannt Lili. Er stand ihr gegenüber, um den blonden Engel ungeniert betrachten zu können. Sie kamen miteinander ins Gespräch. Tage später gestand sie errötend, auch sie habe ihn aufmerksam gemustert. Er verliebte sich in das reizende, zehn Jahre jüngere Mädchen. Es war wohl Liebe auf den ersten Blick.

Goethe liebte auf sehr verschiedene Weise. Hier, so schien es, war ihm zum ersten Mal ein weibliches Wesen begegnet, dem er unterlegen war und dem er sich nicht, oder nur sehr schwer entziehen konnte. Sie war sehr unbequem, die Liebe zu ihr war eine hitzige, brennende und quälende Angelegenheit. Sie war nicht der Liebe zu seiner Schwester Cornelia ähnlich, auch nicht der zu einer bereits Verheirateten oder Versagten, nicht der zu einer allzu Jungen und damit zu einer bequem zu Formenden.

Lilis Vater Johann Wolfgang Schönemann war ein tüchtiger Geschäftsmann. Der Vater von fünf Söhnen und einer Tochter hatte sein Vermögen durch glückliche Transaktionen im kaiserlichen Auftrag im Siebenjährigen Krieg gemacht. Nach seinem frühen Tod 1763 hinterließ er seiner Familie außer einem reichen Grundbesitz noch 100 000 Taler in bar, eine Summe, die es seiner Familie gestattet hätte, sich bestens einzurichten. Dennoch steuerte das Familienschiff langsam in den Bankrott.

Seine Söhne waren nicht so geschäftstüchtig wie ihr Vater.

Lilis Mutter entstammte der adligen Hugenottenfamilie d'Orville, die gemeinsam mit der Fami-

Johann Wolfgang Goethe; ca. 1775

lie Bernard die „Fürstlich Isenburgsche privilegierte Schnupftabakfarik" in Offenbach betrieb. Dieses Städtchen war damals eine ländliche Idylle vor den Toren Frankfurts. Goethe beschrieb seine Liaison mit der schönen Bankierstochter, die sich zu einem großen Teil in Offenbach, der Heimatstadt des beliebten Bruders ihrer Mutter abspielte, ausführlich im 17. Buch seines Werkes „Aus meinem Leben. Dichtung und Wahrheit". Beide standen in einem ungewöhnlichen Liebesverhältnis zueinander, wie man es aus Goethes Gedicht „Lilis Park" unschwer lesen kann:

Ist doch keine Menagerie so bunt als meiner Lili ihre!
Sie hat darin die wunderbarsten Tiere
Und kriegt sie rein, weiß selbst nicht wie,
Die armen Prinzen allzumal,
In nie gelöschter Liebesqual!

Wenig später wurde Goethe noch deutlicher:

Sie streicht ihm mit dem Füßchen übern Rücken,
Er denkt im Paradies zu sein.
Wie ihn alle sieben Sinne jücken!
Und sie – sieht ganz gelassen drein.
Ich küss ihre Schuhe, kau an den Sohlen,
Ganz sachte heb ich mich und schwinge mich verstohlen
Leis an ihr Knie – am günst'gen Tag
Lässt sie's geschehen und krault mir um die Ohren.
Doch hat sie auch ein Fläschchen Balsamfeuers,
Dem keiner Erde Honig gleicht,
Wovon sie wohl einmal, von Lieb' und Treu' erweicht,
Um die verlechzten Lippen ihres Ungeheuers
Ein Tröpfchen mit der Fingerspitze streicht.

Ihre Brüder hatten weitreichende Heiratspläne mit ihrer schönen Schwester zur finanziellen Sanierung der Familie. Die konnte ein Goethe natürlich noch nicht erfüllen. Und der spürte selbstverständlich den Widerstand der Familie.

Mit ihren 16 Jahren war Lili dank einer hervorragenden Erziehung bereits gewandt und sicher, aber auch nobel und fest. Hingerissen schrieb Goethe im April 1775: „Sie war schön wie ein Engel!" Sie wohnte oft bei Verwandten in dem gegenüber Frankfurt wesentlich freieren Offenbach.

Goethe und Lili im Park am Main; Gemälde von H. Dietz

Dort besuchte sie Goethe in den ersten Monaten anfangs im Beisein ihrer Mutter, bald aber auch allein. Im Park am Main trafen sich die beiden häufig allein. Ihr Zusammensein am Abend wussten sie durch Vorlesen und lustiges Erzählen zu verlängern. Täglich kamen sie sich näher. Im April 1775, anlässlich des Osterfestes, verlobten sie sich nach endlich erreichter Zustimmung beider Elternhäuser.

Freunde berichteten, Goethe sei jetzt lustig und munter in Gesellschaften, er mache den Galanten beim schönen Geschlecht, das sei er sonst nicht gewesen. Er leistete sich sogar den Schabernack, in dämmernder Mondnacht in weiße Laken gehüllt auf hohen Stelzen durch Offenbach stolzierend, den Leuten einen panischen Schrecken einzujagen, wenn er als langes Gespenst in die Fenster sah. In „Dichtung und Wahrheit" berichtete er: „Wir waren beim klarsten Sternenhimmel bis spät in der freien Gegend umher spaziert, und nachdem ich Lili und die Gesellschaft von Türe zu Türe nach Hause begleitet und von ihr zuletzt Abschied genommen hatte, fühlte ich in mir so wenig Schlaf, dass ich eine frische Spazierwanderung anzutreten keinen Augenblick säumte. Ich ging der Landstraße nach Frankfurt zu, mich meinen Gedanken und Hoffnungen zu überlassen; ich setzte mich auf eine Bank, in der reinsten Nachtstille, unter dem blendenden Sternhimmel, mir selbst und ihr anzugehören".

Es zeigte sich allerdings nach wenigen Wochen, dass die Liebe zweier Menschen zueinander immer auch von der Umwelt abhängt. Lili fühlte sich im Hause der Goethes nie wohl, auch die Elternhäuser fanden selten zueinander. Es bildete sich kein rechter Familienzusammenhang. Auch gab es in den Familien andere Religionsbräuche. Während Goethes entschieden lutherisch geprägt waren, zählten Schönemanns zur reformierten Gemeinde. Wollte die liebenswürdige Lili ihre Lebensweise fortsetzen, so fand sie in dem geräumigen Haus Goethes keine Gelegenheit dazu, insbesondere keinen eigenen Raum. Das Verhältnis zwischen den beiden trübte sich. Es fanden sich

Hindernisse, die man entweder nicht gesehen oder die man sich verschwiegen hatte. Die beschlossene Verbindung schien ihnen selbst nach und nach bedenklich. Sie scheuten, das öffentlich zuzugeben, woran sie im Stillen zweifelten. Man fand sich wie sonst, aber mit Bangigkeit. Goethe selbst empfand Lili bald als Einengung seiner Lebensplanung. Er wollte in einer bürgerlichen Ehe nicht gezwungen sein, das ganze Leben in einer Rechtsanwaltskanzlei zu arbeiten. Schon nach einem halben Jahr wurde beider Eheversprechen wieder gelöst.

Seine Lili konnte der Dichterfürst dennoch sein ganzes Leben nicht vergessen. Selbst bei seiner ersten Italienreise trug er ihr Bild in einem Medaillon um den Hals über die Alpen. Im März 1830 sagte er mit der Weisheit des Alters von 80 Jahren von seiner ehemaligen Frankfurter Verlobten: „Sie war die erste, die ich tief und aufrichtig liebte. Vielleicht war sie auch die letzte, denn alle Neigungen dieser Art, denen ich mich später hingab, gingen mit jener verglichen, nicht allzu tief. – Nie war ich dem Glück so nahe, ja ich liebte sie ebenso sehr wie sie mich, auch stand kein unübersteigbares Hindernis unserer Verbindung im Wege, und doch konnte ich sie nicht heiraten. Diese Liebe hatte etwas so Unfassbares, so Eigenartiges, daß mein Stil unwillkürlich ein anderer wurde, als ich dieses Erlebnis niederschrieb."

Im Alter von 25 Jahren entschied er sich jedoch anders. Denn kaum war er Lili versprochen, ergriff Goethe die Flucht. Von Mai bis Juli 1775 war er mit Freunden in der Schweiz. So ging er, wie auch in seinem späteren Leben noch mehrfach, den Problemen aus dem Weg, entweder er verreiste oder er meldete sich krank. Im Juli nach Frankfurt zurückgekehrt, überlegte er, wie er der familiären Bindung endgültig entkommen könnte. Auf keinen Fall wollte er sich in eine Ehe einbinden

Goethe unter Freunden

lassen. Auch beruflich wollte er nicht festgelegt werden. Zum einen wurde seine Rechtsanwaltskanzlei ohnehin mehr von seinem Vater geführt als von ihm selbst.

In vier Jahren hatte er nur 28 Fälle bearbeitet, wovon er nicht leben konnte. Er fühlte sich zum Künstler berufen, nur – und das trotz des großen Erfolges – wusste er noch nicht, dass seine eigentlichen Talente auf poetischem Gebiet zu finden waren. Deshalb sah sein Arbeitszimmer im elterlichen Haus einem Maleratelier viel ähnlicher als der Kanzlei eines Juristen.

Der Goethe des Jahres 1775 war hin- und hergerissen, schwankend und unentschlossen. An seinen Freund

Merck schrieb er damals: „Ich bin scheißig gestrandet, und ich möchte mir tausend Ohrfeigen geben, daß ich nicht zum Teufel ging, da ich flott war..."

Im Herbst 1775 wurde die Verlobung gelöst. Damit war Goethe frei für das Herzogtum Sachsen-Weimar-Eisenach, in das er vom Herzog Carl August eingeladen worden war, auch wenn er seiner Lili innerlich noch nachweinte.

Als er kurz vor dem Weihnachtsfest 1775, von Jena kommend, durch das Fichtelgebirge ritt, machte er das deutlich in einem Vierzeiler, den er dem frischgebackenen Herzog Carl August von Sachsen-Weimar-Eisenach sandte:

Holde Lili, warst so lang
All meine Lust und all mein Sang.
Bist, ach, nun all mein Schmerz – und doch
All mein Sang bist Du noch.

In Offenbach erinnert noch heute eine Tafel an einem Haus im Lili-Park an die Liebe der beiden an dieser Stelle:

„Zur Erinnerung an Goethe und Lili Schönemann,
die in diesem Park im Sommer 1775
der Liebe Glück und Leid erlebten."

Noch im Februar 1776, kurz nach Erscheinen von Goethes „Stella – Schauspiel für Liebende" hatte er von Weimar aus Lili das Buch zugesandt.

Und obwohl sie alle Erinnerungen an ihren poetischen Ex-Verlobten vernichtet hatte, bewahrte sie diesen Band auf. Wegen seiner Widmung auf dem Titelblatt?

Im holden Tal, auf schneebedeckten Höhen
War stets Dein Bild mir nah;
Ich sah's um mich in lichten Wolken wehen,
Im Herzen war mir's da.
Empfinde hier, wie mit allmächtigem Triebe
Ein Herz das andere zieht,
Und das vergebens Liebe
Vor Liebe flieht.

Drei Jahre später heiratete Lili den jungen Bankier Baron Bernhard Friedrich von Türckheim (Bernard-Frederic de Turckheim) und zog mit ihm nach Straßburg. Das ist gewiss ungenügend dargestellt. Sie übernahm sofort an seiner Seite die Führung seines Hauses. Fortan unterschied sie sich deutlich von der dichterischen Figur in Goethes „Dichtung und Wahrheit".

Sie richtete ihr Hauswesen mit der größten Sorgfalt, aber auch Einfachheit ein.

Jeden unnötigen Prunk vermeidend, zog sie eine solide, auf wahren Komfort beruhende Ausstattung allen Aufsehen erregenden Protzereien vor.

Ihr Haus wurde durch diese schöne taktvolle Einfachheit der passende

Lili und Bernhard Friedrich
Baron von Türckheim;
Miniatur um 1800

Mittelpunkt für alle seriösen Männer, die mit Türckheim in geistiger oder geschäftlicher Beziehung standen. Um ihren gastlich heiteren Herd wusste sie nicht nur die elegante Welt, darunter Fürsten und Feldherren beider Nationen, sondern auch mit Vorliebe die einheimischen Gelehrten, die Denker und Künstler jener Zeit zu vereinigen. Nie wurde gespielt, aber desto fleißiger musiziert, vorgelesen und diskutiert.

So gut sich das Familienleben mit ihrem Gatten und besonders mit ihren fünf Kindern entwickelte, so schwierig und immer schwieriger wurde es mit ihrem Schwiegervater. In den von ihr erhaltenen Briefen wurde der harte Sittenkodex des erfolgreichen Bankiers deutlich, der 1782 geadelt, als Ratsherr und Ältester im protestantischen Kirchenrat tätig, Lilis aufgelöste

Lili Schönemann mit ihren Kindern um 1800

Verlobung tadelnd registrierte und ihr auch noch den fatalen Bankrott der Schönemannschen Bank zur Last legte. In stichelnder Schikane verwies er sie auf die Armesünderbank in seinem untadeligen Hauswesen.

An Lavater schrieb sie am 26. Juni 1785, zehn Jahre nach ihrer Verlobung mit Goethe: „Ich tadele mich oft über meine zu große Anhänglichkeit an diese liebe kleine Schar, denn ich muss aufrichtig gestehen, ich habe für nichts Sinn außer dem Glück, für sie, diese meine Kinder, zu leben und mich für sie und mit ihnen zu beschäftigen. Sie sind der Inbegriff meiner Gedanken und meiner Beschäftigungen, und jeder Weg, der mich von diesem Zweck zu entfernen scheint, ist mir beschwerlich, wie andererseits mir alles, was mich diesem Zweck nähert, am wichtigsten ist".

In Straßburg besuchte Goethe das junge Paar noch einmal im Jahre 1779. Auch in ihrer Rolle als Gattin des Barons von Türckheim blieb Lili anziehend, schön und elegant.

Und als während der Französischen Revolution die Jakobinerherrschaft 1793 die Familie bedrohte, zur Flucht zwang, in Elend und Armut stürzte, zeigte sie, Familie und Haus rettend, darüber hinaus noch Mut, Festigkeit und kluge Umsicht. Als Bäuerin verkleidet, erreichte Lili mit ihren Kindern die deutsch-französische Grenze. Einige Zeit verbrachte sie mit ihrer Familie in der Emigration in Erlangen, wo sich ihr außerordentlich starker Charakter als Stütze der Familie bewährte. Später kehrte sie nach Straßburg zurück, wo ihr Gatte Bürgermeister und danach Präsident des dortigen Konsistoriums wurde.

Bei diesen Nachrichten meinte Goethe nachdenklich, nie sei er wohl seinem Glück so nahe gewesen, als in jenen Frühlings- und Sommertagen, als er Lili so heftig liebte.

Am Anfang des 19. Jahrhunderts kam es noch einmal zu einem kurzen Briefwechsel zwischen Lili und Goethe. Ihre Bitte um die Protektion für einen jungen Bekannten wurde jedoch von ihm nicht erfüllt.

Noch ein kleiner Nachtrag: In einem Zwiegespräch im Jahre 1830 mit seinem Vertrauten, dem schweizerischen Naturforscher Frederic-Jean Soret, der 1822 als Erzieher des Erbprinzen Carl Alexander nach Weimar kam, gedachte Goethe mit Bedauern der Abreise einer jungen reizenden Dame, einer Enkelin Lili Schönemanns, die einige Monate die Zierde der Weimarischen Gesellschaft gewesen war.

„Sehr schade", sagte Goethe, „daß ich sie nicht öfters gesehen habe, um etwas von den geliebten Zügen ihrer Großmutter in ihr wiederzufinden!

Übrigens habe ich den vierten Band meiner Lebenserinnerungen fertig gestellt. Aber gewisse zarte Rücksichten hinderten mich, Rücksichten nicht gegen mich, aber gegen sie. Ich wäre stolz darauf gewesen, vor aller Welt zu bekennen, daß ich sie zärtlich geliebt habe, und sie hätte wohl ohne Erröten zugestanden, daß meine Neigung Erwiderung fand. Aber durfte ich das ohne ihre Zustimmung sagen? Immer wollte ich sie darum bitten, jetzt ist es nicht mehr möglich!"

Goethe setzte Lili mit zwei seiner Frauengestalten ein literarisches Denkmal: Stella und Dorothea.

Lili Baronin von Türckheim verstarb am 6. Mai 1817 und wurde an der Seite ihres Gatten in der Kirche von Krautergersheim bestattet. In Offenbach erinnern der Lili-Tempel und der Lili-Park an die sechsmonatige Liaison unseres Dichterfürsten mit Lili Schönemann.

Charlotte von Stein,
Weimar, Großkochberg, 1775 – 1786

Die Gesellschaftsdame der Herzogin von Sachsen-Weimar-Eisenach, Charlotte von Stein, hatte Goethes „Leiden des jungen Werthers" erworben und seinen Inhalt sogleich verschlungen.

Es hatte absonderliche Empfindungen in ihr ausgelöst.

Und nun schrieb ihr Freund, der Arzt und Philosoph Johann Georg Zimmermann: „Sie verlangen, daß ich Ihnen

Charlotte von Stein;
Stahlstich von G. Wulf
nach einem Selbstbildnis 1780

von Goethe rede? [...] Ich werde sogleich über ihn berichten. Aber arme Freundin, Sie bedenken es nicht. Sie wünschen ihn zu sehen und Sie wissen nicht, bis zu welchem Punkt dieser liebenswürdige und bezaubernde Mann Ihnen gefährlich werden könnte. – Eine Frau von Welt, die ihn oft gesehen hat, hat mir gesagt, daß Goethe der schönste, der lebhafteste, ursprünglichste und für ein Frauenherz gefährlichste Mann sei, den sie in ihrem Leben gesehen habe." Dem Brief lag ein Schattenriss aus Lavaters „Physiognomik" bei, der die „Adlerphysiognomie" des Schriftstellers zeigen sollte. Aber als das Gerücht aufkam, der Berühmte würde

Das Wasserschloss Großkochberg von Südwesten,
Wohnsitz der Frau von Stein; Zeichnung von Goethe 1777

in Kürze am Weimarer Hof eintreffen, um als Gesell-
schafter des eben volljährig gewordenen Herzogs Carl
August zu wirken, war die Spannung groß. Besonders
die Damen am Hofe brannten vor Neugier.

Umso größer war Charlottes Enttäuschung, denn der
da zwischen all den gepuderten und hochfrisierten
Herrschaften stand, war kaum ein Mensch mit Genie
und Leidenschaft. Steif, ein wenig blass, mit großen
Augen und noch größerer Nase wusste er nicht, wo er
seine Hände lassen sollte. Wenn er ging, schlenkerten
seine Beine unsicher.

Doch dieser linkische junge Mann hatte den Schattenriss der Hofdame Charlotte Albertine Ernestine von
Stein auch bereits bei seinem Freund, dem Arzt und
Philosophen Johann Georg Zimmermann, zwei Monate
zuvor in Straßburg gesehen. Damals schrieb er darunter: „Es wäre ein herrliches Schauspiel, zu sehen, wie
die Welt sich in ihrer Seele spiegelt. Sie sieht die Welt,
wie sie ist, und doch durch das Medium der Liebe. So
ist auch Sanftheit der allgemeine Ausdruck."

Nur wenige Tage nach seiner Ankunft in Weimar,
noch im November 1775, stand der 26-jährige Goethe
bereits der sieben Jahre älteren, verheirateten Hofdame
Charlotte von Stein gegenüber.

Das Leben hatte es bisher gut gemeint mit Johann
Wolfgang Goethe. Das hatte ihn ein wenig übermütig,
ja sogar etwas hochmütig gemacht. Wenig Achtung
empfand er für das weibliche Geschlecht. Ihre Vertre-
terinnen hatten ihm Eroberungen leicht gemacht, ob
bei Hofe, in der Stadt oder auf dem Lande.

Dass er in der „tollen Zeit" viele Jugendstreiche und
mehr mit dem Herzog persönlich verüben durfte, gab

ihm zusätzliche Sicherheit gegenüber seinen Gegnern bei Hofe und in der Beamtenschaft. Von der Hofetikette verstand er zunächst nicht viel. Und lange brauchte der „Stürmer und Dränger", bis er sich ihr wenigstens ein ganz klein wenig unterordnete.

Charlotte von Stein war interessiert an dem neuen Freund des Herzogs: „Ich war neugierig auf Goethe, der neben dem „Werther" auch die herrlichsten Liebesgedichte geschrieben hatte. Mit meiner Erwartung fing es an, mit der Hoffnung auf ein Ereignis, das noch kommen musste, damit sich das Leben gelohnt hatte. Ich war jetzt dreiunddreißig, verheiratet und Mutter dreier Söhne."

Dieser wilde Naturbursche Goethe reizte offensichtlich die Hofdame Charlotte von Stein, ihn zu zähmen. Sie erzog ihn so weit, dass er auf dem höfischen Parkett nicht ständig von einem Fettnäpfchen in das andere trat. Mehr vermochte auch sie nicht, es kostete schon ihre ganze Kraft.

Sie muss eine bemerkenswerte Frau gewesen sein. Am 1. Weihnachtsfeiertag 1742 als Tochter des Reisemarschalls von Schardt in Eisenach geboren, bezog die Familie das Stadthaus in der Weimarer Scherfgasse 3, als der Vater zum Weimarer Hofmarschall berufen wurde. Hier erhielt Charlotte auch eine „triviale und einseitig musische Mädchenbildung für den Hofgebrauch". Bereits mit 15 Jahren wurde sie Hofdame der Herzogin Anna Amalia und heiratete 1764 den herzoglichen Oberstallmeister Gottlob Ernst Josias Friedrich von Stein, der ihre ungewöhnlichen geistigen Bestrebungen tolerierte. Als Mutter hatte sie sieben Kindern das Leben geschenkt, von denen nur die drei Söhne

überlebten. Dennoch brachte ihr im Vergleich zu anderen Frauen ihre Ehe „mehr Freiheit als Abhängigkeit".
Der Arzt Johann Georg Zimmermann traf sie an der Seite ihres Gatten anlässlich einer Kur in Pyrmont und berichtete sogleich Lavater: „Sie hat überaus große schwarze Augen von der höchsten Schönheit, ihre Stimme ist sanft und bedrückt. Ihre Wangen sind sehr rot, ihre Haare ganz schwarz. Ihre Haut italienisch wie ihre Augen. Ernste und feine, tiefgegründete Empfindsamkeit sieht jeder Mensch beim ersten Anblick auf ihrem Gesicht. Sie hat viele Kinder und schwache Nerven. Der Körper mager, ihr ganzes Wesen ist elegant mit Simplizität."

Und Schiller schrieb am 12. August 1787 über die beeindruckende Frau, die er gerade auf einem Spaziergang gesehen hatte: „Die beste unter allen war Frau von Stein, eine wahrhaft eigene, interessante Person, von der ich begreife, daß Goethe sich so ganz an sie attachiert hat. Schön kann sie nie gewesen sein, aber ihr Gesicht hat einen sanften Ernst und eine ganz eigene Offenheit. Ein gesunder Verstand, Gefühl und Wahrheit liegen in ihrem Wesen. Diese Frau besitzt vielleicht über tausend Briefe von Goethe, und aus Italien hat er ihr noch jede Woche geschrieben. Man sagt, daß ihr Umgang ganz rein und untadelhaft sein soll."

Goethe erfasste eine tiefe Leidenschaft zu der geistvollen und liebenswürdigen Frau. „Deine Gegenwart hat auf mein Herz eine wunderbare Wirkung gehabt ..." Diese und immer wieder ähnliche Worte gleichen Inhalts schrieb Goethe in mehr als zehn Jahren an Charlotte von Stein. Aber in ihrer Beziehung zu Goethe war bald auch ihr Herz mit im Spiel. Ihr beiderseitiges intensives Miteinander währte bis zur überraschenden Abreise Goethes nach Italien 1786 und brach endgültig nach seiner Rückkehr und Hinwendung zu Christiane Vulpius 1788. Hinzu kam der Tod ihres Gatten 1793.

Stadtansicht Weimar nach Heß um 1800

Die mehrfachen schmerzvollen Geburten ermunterten Charlotte von Stein sicher nicht dazu, in ein auch sinnlich erfülltes Verhältnis mit Goethe einzuwilligen. So war es denn eine über zehn Jahre glühende, wenn auch doch wohl nur platonische Liebe zwischen den beiden. Die Literaturwissenschaftler sind sich da heute ziemlich sicher und begründen das mit der Erziehung und Sittenstrenge Charlottes. Es wäre gut, würden sie auch das Selbstzeugnis Goethes aus Rom in ihr Urteil mit einbeziehen. Wer will ihm widersprechen, wenn er seinem Freund und Sachsen-Weimarischen Herzog Carl August gesteht, erst in Rom zum Manne gemacht worden zu sein? Es erscheint uns nur etwas unnormal, dass eine solch enge platonische Liebe den Wunsch nach körperlicher Liebe verdrängen kann. Da traf wohl der Literaturwissenschaftler Erich Schmidt den Kern mit der Aussage, dass beide „ein befriedigtes Liebesglück [...] ohne volle sinnliche Konsequenz" genossen.

Doch selbst sittenstrenge Damen ihrer Umgebung, wie die Herzogin Luise, billigten ihr zu: „Diesen wird man Ihnen verzeihen!" Sie erkannten damit das Besondere der Beziehung zwischen den beiden an. Goethe war über zehn Jahre ständiger Gast auf Schloss Großkochberg und im Stadtpalais derer von Stein. Er teilte die Sorgen des Haushaltes und der Kindererziehung. Was ihn bewegte, besprach er mit Charlotte. Die über 1 700 Briefe und Zettel, die er ihr sandte, lassen die tiefe Verbundenheit zwischen ihnen nachempfinden. Sie wurden übrigens 1846 erstmals veröffentlicht. Es waren kurze Verse und seitenlange poetische Werke, es waren heiße Liebesschwüre und eintönige Reiseberichte, es waren einsilbige Nachfragen und es war unsagbar kunstvolle Prosa.

Die meisten Nachrichten sind sich in einem gleich: Goethe versicherte Charlotte immer aufs Neue seine unbändige Liebe und forderte Gleiches von ihr: „Mein ganzes Wesen ist an Dich geknüpft und ich fühle, es ist unmöglich, Dich zu entbehren. Schon möge ich statt zu schreiben, wieder zu Dir eilen und Dich mündlich meiner Liebe zu versichern. Wo sehe ich Dich heute? Schreibe mir und schreibe viel!"

Charlotte von Stein zählt zu den wichtigsten Repräsentanten der Weimarer Klassik und ging so in die Literaturgeschichte ein. Was Goethe zwischen den Jahren 1776 und 1786 schrieb, war zum großen Teil von ihr inspiriert. Sie war die erste, die seine Werke begutachtete und sie war zugleich häufig seine Heldin. In Gedichten wie „Warum gabst Du uns die tiefen Blicke ..." beschwor Goethe die Seelenverwandtschaft zu der sieben Jahre älteren Frau. In der „Iphigenie" und mit der

Prinzessin Leonore im „Tasso" setzte er ihr ein Denkmal. Wie kaum ein anderer Mensch bestimmte sie das Leben des jungen Dichters.

Doch unbestreitbar war die wechselseitige schöpferische Beeinflussung. Ungeachtet des Trennungsschmerzes befruchtete der Dichterfürst die Entwicklung der Freifrau von Stein als Autorin. Die enttäuschte Weimarer Hofdame, die ihre bevorzugte Stellung als Muse und Geliebte eines großen Dichters verloren hatte, suchte nach der Abkehr des „Verräters" verstärkt nach einer neuen Bestimmung. Obwohl sie die Französische Revolution wegen ihrer notwendigen Grausamkeit ablehnte, rebellierte auch sie im Gefolge der Aufklärung mittels der Literatur, um ihr gewachsenes Selbstwertgefühl zu artikulieren. Nach Erstversuchen gelang ihr die von Schiller hochgelobte Tragödie „Dido", worin sie einen „antiken Stoff und die Weimarer Hofsituation mit der Idee weiblichen Handelns" verknüpfte. Im Stück nahm sie Rache an Goethe, dem sie die Rolle des Dichters Ogon zudachte, der aus selbstsüchtigen Motiven seine Geliebte verließ. Leider blieb es bei der Absicht der Veröffentlichung.

Zu ihren Mitmenschen soll die Hofdame meist kühl, ja frostig gewesen sein. Auch zu ihren Söhnen Karl, Ernst und Fritz, die sie außerhalb der Familie erziehen ließ. Die Briefe Charlottes zeigen eine Persönlichkeit, die ebenso von kühler Reserviertheit und Scharfsinn als auch von einem hohen Maß an Sensibilität geprägt war. Unverkennbar die Ähnlichkeit zu Goethes Schwester. Verzweifelt rang Goethe um die Gunst der Hofdame, die trotz ihrer schwärmerischen Verehrung für ihn anfänglich reserviert auf seinen Ansturm reagierte. Ob diese Liebe nur erotisch-platonisch oder auch sexueller Art war, führte zu zahlreichen Spekulationen, die alle gleich unfruchtbar waren. Fest steht dagegen, dass die engen Beziehungen sowohl für Goethe als auch für Frau von Stein von enormer lebensgeschichtlicher Bedeutung waren. Gegenüber Goethe bekannte sie: „Ich kann nicht instinktiv lieben, wie ich es bei vielen sehe. Es verlangt mich nach Vollkommenheit, so viel es hier möglich ist, in dem Gegenstand, der mich an sich zieht." In Erfüllung dieses Geständnisses aktivierte sie Goethes dichterisches Schaffen, beeinflusste seine Entwicklung zum bedeutendsten deutschen Dichter und seine wachsende menschliche Reife. Die angestrebte Vollkommenheit konnte sie jedoch unter ihren familiären Verhältnissen und den Zwängen des Weimarer Hofes nicht erreichen. Sie wurden enge Vertraute, Goethe las ihr als erste seine neuen Werke vor und gab viel auf ihr Urteil. In einem Gedicht an sie heißt es:

> *Kanntest jeden Zug in meinem Wesen,*
> *Spähtest, wie die reinste Nerve klingt,*
> *Konntest mich mit einem Blicke lesen,*
> *Den so schwer ein sterblich Aug durchdringt;*
> *Tropftest Mäßigung dem heißen Blute,*
> *Richtetest den wilden irren Lauf,*
> *Und in deinen Engelsarmen ruhte*
> *Die zerstörte Brust sich wieder auf.*
> *Hieltst zauberleicht ihn angebunden*
> *Und vergaukeltest ihm manchen Tag.*

Charlotte von Stein lebte wechselseitig in ihrem Stadtpalais in Weimar und dem Wasserschloss in Großkochberg nordwestlich von Rudolstadt. Die aus dem Mittelalter stammende und im 16. Jahrhundert zu einem beeindruckenden Renaissance-Schloss umgebaute Anlage war seit 1733 im Besitz der Familie von Stein, die es zunächst verpachtete, später aber selbst bewirtschaftete. Josias von Stein war aber selten in Großkochberg. Die mehrflügelige Schlossanlage beherbergte in den Sommer- und Herbstmonaten vor allem die Hausherrin und ihre Gäste vom Weimarer Hof.

Der liebste Gast aber war Goethe, der die 26 Kilometer von Weimar nach Großkochberg zu seiner Angebeteten bei jedem Wetter und jeder Tages- und Nachtzeit zu Fuß, zu Pferde oder in der Kutsche zurücklegte. Er nutzte dazu jede freie Minute, wusste es aber auch so einzurichten, dass er seine Dienstreisen über Großkochberg führte, wenn er seine Charlotte dort wusste.

Am 6. Dezember 1775 hatte er sie erstmals hier besucht, wie er in ihre Schreibtischplatte ritzte. Und wir erinnern uns bei diesem Datum, dass er ja erst am 7. November in Weimar angekommen war. Wahrlich, er hatte keine Zeit verloren.

Er war nicht immer glücklich in Großkochberg, wie seinem Tagebuch und seinen Briefen zu entnehmen war. Manchmal verließ er den Ort seiner Liebe tief enttäuscht. Aber immer wieder zog es ihn zu ihr zurück. So schrieb er der Angebeteten: „Überall such' ich Sie, bei Hof, in Ihrem Haus und unter den Bäumen. Auch ohne es zu wissen, geh' ich herum und suche etwas, und endlich kömmt's heraus, daß Sie mir fehlen ..."

Aus seiner Beziehung zu Charlotte von Stein leitete Goethe Pflichten ab, die nur ihrem Gatten zugestanden hätten. So trat er vor allem in Großkochberg während ihrer Abwesenheit als Hausherr und Erzieher ihrer Kinder auf. An ihrem jüngsten Sohn Fritz vertrat er die Vaterstelle und nahm ihn in seinen Weimarer Junggesellenhaushalt auf. So schuf er sich in einer Scheinwelt, was ihm in der Realität verweigert wurde.

Josias von Stein war es wohl gleichgültig, was seine Gattin tat und was die Leute darüber schwatzten. Das Paar war, wie es damals Sitte war, von den Eltern aus wirtschaftlichen Gründen verheiratet worden. Für ein armes Hoffräulein war der reiche und gutaussehende Oberstallmeister des Herzogs eine gute Partie. Dabei unterstanden ihm ja nicht nur die Pferdeställe und Pferdeknechte. Er war gewissermaßen der Verkehrsminister des Herzogtums. Josias von Stein war des-

Goethe mit Frau von Stein und Herzog Carl August; von Prof. K. Bauer

halb selten zu Hause. Meist speiste er an der Hoftafel. Oft war er auch für seinen Herzog unterwegs. Immer wieder musste er nach Allstedt fahren, wo sich das herzogliche Gestüt befand, denn Pferde waren Carl Augusts Passion. Er galt auch als der beste Reiter in Weimar, brillierte häufig mit Kunststücken und war bei den Damen des Hofes als Tänzer beliebt. Goethe verhielt sich zu ihm wie zu einem am Hofe tätigen Fremden und erwähnte ihn ganz selten in seinen Tagebüchern und Briefen. Obwohl Goethe fast täglich mit Charlotte von Stein Kontakt hatte, schrieb er ihr noch über 1700 Briefe. Eine beeindruckende Zahl. Auch sie schrieb ihm Briefe. Wir kennen leider ihren Inhalt nicht. Nach dem Bruch ihrer Beziehungen hatte sie die Schreiben zurückgefordert und kurz vor ihrem Tod verbrannt. So blieben uns als Zeugnisse einer großen Liebe nur die Briefe Goethes an Charlotte von Stein und die Deutung seiner Frauengestalten im „Torquato Tasso" und in der „Iphigenie auf Tauris". Geliebt haben muss sie ihn ihr ganzes Leben. Selbst nachdem Goethe die Blumenbinderin Christiane Vulpius bei sich aufnahm und Charlotte daraufhin ihre Beziehungen zu ihm abbrach, bewahrte sie ihm ihre Zuneigung. Erst nach vielen Jahren gestaltete sich zwischen den beiden wieder ein gewisses Freundschaftsverhältnis, das bis zum Tod der Frau von Stein andauerte. Auch im Briefwechsel Goethes mit Christiane lässt sich das ablesen. Auch schickten Goethes ihren Sohn August häufig zum Unterricht und zum Spielen zu Steins. Am 6. Januar 1827 verstarb Charlotte einsam und in bedrängten finanziellen Verhältnissen. Dennoch verfügte sie, dass man ihren Leichnam nicht auf dem kürzesten Wege zum Friedhof geleiten solle. Der hätte nämlich an Goethes Haus am Frauenplan vorbeigeführt und seinen Seelenfrieden gestört. Ihr Grab finden wir an der Westwand des Historischen Friedhofs in Weimar.

Faustina Antonini, Rom, 1788

Im September 1786 hatte Goethe abermals in Karlsbad gekurt, reiste aber anschließend nicht wieder nach
Weimar zurück, sondern als „Maler Philipp Möller"
mit der Postkutsche über München, den Brenner und
Gardasee, Verona und Venedig nach Rom, wo er sogleich Kontakt zum Maler Johann Heinrich Wilhelm
Tischbein aufnahm. Der bot ihm für die fast zwei Jahre
seines immer nur kurz unterbrochenen Aufenthaltes in

Blick auf den Vatikan; Zeichnung Johann Wolfgang von Goethe, 1787

der italienischen Hauptstadt eine Unterkunft in seinem
Atelierhaus, einem Palazzo in der Via del Corso. Materielle Sorgen bedrückten Goethe nicht, Carl August,
der Herzog von Sachsen-Weimar-Eisenach, hatte ihm
unbefristeten Urlaub gewährt, was die Zahlung seines
reichlich bemessenen Gehaltes aus Weimar einschloss.

Goethe besichtigte die Ewige Stadt. Er schrieb über das Colosseum, das Capitol und all die anderen antiken Bauten und reichen Museen: „Wir gehen fleißig hin und wider, ich mache mir die Pläne des alten und neuen Roms bekannt, betrachte die Ruinen, die Gebäude, besuche die eine und die andere Villa [...] ich tue nur die Augen auf und seh' und geh' und komme wieder, denn man kann sich nur in Rom auf Rom vorbereiten". Sein Reisebericht enthält nichts von der Liebe, geschweige der käuflichen Liebe, eines der Hauptgeschäfte im damaligen Rom. Er ließ sogar ein paar Worte für die Daheimgebliebenen einfließen, um ihnen klarzumachen, dass er nur lernen würde. Erst ganz am Schluss, weil er ja auch sein Publikum kannte, fügte er eine Episode mit einer schönen Mailänderin ein. Aber er wäre doch nicht Goethe gewesen, wäre sie nicht ehrbar ausgegangen. Sie war verlobt und er verzichtete.

Goethe in der Campagna von I. H. W. Tischbein, 1787

Bravo! Als hätte ihn je eine Verlobung oder gar Ehe gehindert? Ihr Name wurde sogar ermittelt. Sie hieß Maddalena Riggi und ihr Porträt zeigte ein volles lombardisches Gesicht mit starkem Kinn und kräftiger Nase. Sie heiratete später einen bekannten Kupferstecher. Inzwischen wurde der Palazzo, in dem Goethe bei Tischbein wohnte, mehrmals umgebaut.

Seit 1997 befindet sich dort das bedeutendste Goethe-Museum im Ausland, die Casa di Goethe. Es sollte kein verstaubtes Literaturmuseum sein, deshalb erfährt man hier viel über Goethes italienische Reise und über Tischbein, der das wohl berühmteste Gemälde des Dichters „Goethe in der Campagna" schuf, dessen Original im Frankfurter „Städel" hängt.

In diesem Museum findet man allerdings keine Hinweise darauf, dass Goethe in Rom mit fast 40 Jahren auch eine für ihn neue Erfahrung machte, dass er feststellte, dass zum Leben, zum Glück in seiner Ganzheit, ja zur ungeteilten Existenz überhaupt auch die Frauen gehören. Die freiere Atmosphäre im Süden ließ Goethe auch an erotische, sexuelle Abenteuer denken, und erst hier hatte er endlich ein volles Liebeserlebnis, erst hier in Rom wurde er zum Manne gemacht. Was immer seine häufigen „Misels" in Weimar, den umliegenden Dörfern und danach waren, wahrscheinlich waren es harmlose Neckereien, von der stets erwartungsvollen Gesellschaft eifrigst kommentiert. Stellen wir fest: eine Geliebte im vollen erotischen Sinne des Wortes besaß er bisher nie! Auch nicht in Charlotte von Stein!

Sein neues Verhältnis zu den Frauen verbarg er Charlotte nicht. Aus Venedig schrieb er ihr: „Ich habe sie alle recht scharf angesehen und in den acht Tagen mehr als eine gesehen, von der ich gewiss sagen möchte, daß ihre Reize feil sind."

Und eine Woche später, ebenfalls aus Venedig: „Heute hat mich zum ersten Mal ein feiler Schatz bei hellem Tag in einem Gässchen beim Rialto angesprochen."

In seinen Briefen an den Herzog wurde er direkter. Am 3. Februar heißt es aus Rom: „Mit dem schönen Geschlecht kann man sich hier, wie überall, ohne Zeitverlust einlassen. Die Mädchen, oder vielmehr die jungen Frauen, die sich als Modelle bei den Malern einfinden, sind allerliebst mitunter und gefällig, sich beschauen und genießen zu lassen. Es wäre auf diese Weise eine sehr bequeme Lust, wenn die französischen Einflüsse nicht auch dieses Paradies unsicher machten." Er spielte schon mit dem Gedanken, ein Mädchen zu seiner Geliebten zu machen, allein die Angst vor den grassierenden Geschlechtskrankheiten hielt ihn davon ab.

Erst gegen Ende seines Italien-Aufenthaltes ging er eine Bindung ein, will man seinen Briefen an Carl August glauben. Es soll eine Römerin gewesen sein, die ihn glücklich machte, eine 24-jährige Witwe mit einem dreijährigen Sohn. Ihr Name sei Faustina Antonini, geborene di Giovanni, die Tochter des Gastwirtes der „Osteria alla Campana", die nach dem frühen Tod ihres Gatten wieder bei ihren Eltern lebte.

Am 16. Februar 1788 berichtete Goethe seinem Landesvater mit Anspielungen auf dessen weitaus reichere sexuelle Erfahrungen von seinen anmutigen Spaziergängen auf diesem Gebiet. Er schrieb, das Gemüt sei erfrischt und der Körper in ein köstliches Gleichgewicht gebracht worden.

Tischbein zeichnete den kleinen Raum, Goethes Domizil in Rom. Er zeichnete die überlebensgroßen Gipsköpfe, den vom Brett gehaltenen Bücherstapel, den winzigen Tisch mit dem Öllämpchen und in der Mitte das breite Bett mit dem zweiten Kopfkissen für Faustina. Mit leichter Hand taktiert er ihr die Hexameter auf den Rücken, wie er es in seiner Römischen Elegie Nr. V bekannte:

Froh empfind ich mich nun auf klassischem Boden begeistert;
Vor- und Mitwelt spricht lauter und reizender mir.
Hier befolg ich den Rat, durchblättere die Werke der Alten
Mit geschäftiger Hand, täglich mit neuem Genuss.
Aber die Nächte hindurch hält Amor mich anders beschäftigt.
Werd ich auch halb nur gelehrt, bin ich doch doppelt beglückt.
Und belehr ich mich nicht, indem ich des lieblichen Busens
Formen spähe, die Hand leite die Hüften hinab?
Dann versteh ich den Marmor erst recht: ich denk und vergleiche,
sehe mit fühlendem Auge, fühle mit sehender Hand.
Raubt die Liebste denn gleich einige Stunden des Tages,
Gibt sie Stunden der Nacht mir zur Entschädigung hin.
Wird doch nicht immer geküsst, es wird vernünftig gesprochen;
Überfällt sie der Schlaf, lieg ich und denke mir viel.
Oftmals habe ich auch schon in ihren Armen gedichtet
Und des Hexameters Maß leise mit fingernder Hand
Ihr auf den Rücken gezählt. Sie atmet in lieblichem Schlummer,
Und es durchglüht ihr Hauch mir bis ins Tiefste der Brust.
Amor schüret die Lampe indes und denket der Zeiten,
Da er den nämlichen Dienst seinen Triumvirn getan.

Charlotte von Stein gegenüber schwieg er zeitlebens über die Beziehung. Nach dem jahrzehntelangen Verhältnis mit ihr muss die körperliche Vereinigung, das sexuelle Erlebnis schlechthin, für ihn eine gravierende Erfahrung gewesen sein, die sein Leben veränderte. Er betonte gegenüber Charlotte sein Ganzsein, seine ungeteilte Existenz: „Ich habe nur eine Existenz, diese habe ich diesmal ganz gespielt und spiele sie noch. Übrigens habe ich glückliche Menschen kennen gelernt, die es nur sind, weil sie ganz sind. Auch der Geringste, wenn er ganz ist, kann glücklich und in seiner Art vollkommen sein." Dass es nicht nur ein Liebesverhältnis war, sondern sich auch um ein geschäftliches Arrangement gehandelt haben musste, wird aus einer Vereinbarung Goethes mit seinem Bankier Reifenstein klar. Am 19. April 1788, fünf Tage vor seiner Abreise aus Rom, wurden unter dem Pseudonym Philipp Seidel 400 Scudi auf ein Sonderkonto überwiesen. Das waren weit über 500 Taler, die erst nach seiner Abreise abgehoben wurden und für Faustina bestimmt waren.

Für Goethe wurde Italien zum Sinnbild eines glücklichen und geglückten Lebens, hier war er nach seinem eigenen Zeugnis das erste Mal in seinem Leben glücklich. So entstanden in Italien die Liebesszenen zwischen Egmont und Klärchen. Er beschrieb die Liebe zu einem Mädchen von niederem Stand über den sozialen Abgrund hinweg. War das die Richtung seiner Sehnsüchte? War das ein Durchspielen, ein inneres Erproben für das eigene Leben? Ausdruck seines Akzeptierens eines solchen Lebens war es bestimmt. Und es sollte uns wieder einfallen, wenn wir an die Kunstblumenherstellerin Christiane Vulpius denken, mit der er ein ganz enges Liebesverhältnis nach seiner Rückkehr nach Weimar begann, ein Liebesverhältnis für das ganze Leben einschließlich der Eheschließung.

Alles, was ich bisher über Goethes römische Geliebte Faustina schrieb, kann durchaus falsch sein. Goethe selbst äußerte sich ja nur in Umschreibungen dazu. So soll Antonio Valeri Carletta bereits 1899 in seinem Buch „Goethe a Roma" die Figur der Faustina erfunden haben, zu der italienische Germanisten 1996 herausgefunden haben wollen, dass diese Frau bereits zwei Jahre vor Goethes Ankunft in Rom verstorben sei, nämlich 1784. Vielleicht gab Valeri Carletta der großen Liebe Goethes auch nur einen beliebigen Namen? Da gibt es im Internet bei Marius Fraenzel den Hinweis, dass Roberto Zapperi in seinem Buch „Das Inkognito – Goethes ganz andere Existenz in Rom" den Indizienbeweis

Goethe in Rom; Ölgemäde von Angelika Kaufmann; 1787/88

führte, dass es sich bei der „Faustina" keinesfalls um einen Klarnamen handelte. Und dann zieht der Autor vom Leder: „Roberto Zapperi ist ein Waschweib und das genannte Buch eines der unerträglichen Produkte voller Klatsch und Spekulationen, das zum Goethejahr 1999 erschienen ist. Das ganze Buch ist angefüllt mit spekulativem Geschwätz, an den Haaren herbeigezogenen ‚Beweisen', die vor dem Hintergrund einer soliden Unkenntnis des Lebens als auch des Werkes Goethes entwickelt werden. Zusammen mit Zapperis ‚saloppen'

Stil ergibt sich eine so unerträgliche Mischung, dass ein solcher Dreck wirklich nur in einem Goethejahr zur besonderen Ehre des Gefeierten erscheinen darf, weil in dieser Zeit alle ihre Schubladen ausklopfen und ihren Staub zu Markte tragen. Alle solchen Veröffentlichungen sollten zwangsweise den Stempel auf dem Deckel tragen: Wir wollen auch am Goethejahr verdienen. Belassen wir es also bei meiner ursprünglichen Darstellung.

Goethe aus einem Fenster seiner römischen Wohnung;
Aquarell und Bleistift über Kreide von Wilhelm Tischbein, 1787

Christiane Vulpius, Weimar, 1788 – 1816

Christiane Vulpius;
Bleistiftzeichnung von Goethe,
1788/89

Noch keine vier Wochen von seinem zweijährigen Aufenthalt in Italien zurückgekehrt, dachte Geheimrat Johann Wolfgang von Goethe auf dem Pfad von seinem Gartenhaus zur Residenzstadt Weimar vor allem darüber nach, warum er in Weimar auch von seinen Freunden nicht sofort wieder mit offenen Armen empfangen worden war. Selbst von der angebeteten Charlotte von Stein fühlte er sich nicht mehr verstanden. Am Morgen des 12. Juli 1788 soll sich ihm die damals 23-jährige Johanna Christiana Sophie Vulpius in den Weg gestellt haben. Lächelnd überreichte sie dem 15 Jahre älteren Goethe eine Bittschrift ihres zeitweilig in Nürnberg tätigen Bruders Christian August, ihn bei der Suche nach einer geeigneten Tätigkeit in Weimar zu unterstützen. Ihre Vorfahren väterlicherseits waren Akademiker über mehrere Generationen, mütterlicherseits stammte sie aus einer Handwerkerfamilie. Ihr Vater Johann Friedrich war Amtsarchivar in Weimar und hatte mehrere Semester Jura studiert. Da seine Stelle jedoch schlecht bezahlt wurde, lebte die Familie in bedrängten

Verhältnissen. Sie hatten den schriftstellerisch begabten Sohn das Gymnasium besuchen und anschließend Jura studieren lassen. Goethe half ihm durch Empfehlungen und materielle Unterstützung. Die Tochter Christiane konnte aus finanziellen Gründen keine gründliche Schulbildung erhalten und verdiente ihren Lebensunterhalt als Kunstblumenherstellerin in der Bertuchschen Manufaktur. Durch verschiedene Hilfsgesuche und Anträge kannte Goethe bereits die Lage der Familie.

Christiane mit Schultertuch;
Federzeichnung von Goethe;
1788/89

So traf Christiane auf einen in Weimar noch immer sehr einsamen Menschen, dem sie sicher wie eine Botin aus den soeben verlassenen südlichen Gefilden erschien. Ihr freundliches und offenes Wesen entflammte seine Sinnesfreude. Und so machte er sie noch am 12. Juli 1788 zu seiner Geliebten, die er zunächst neun Monate vor der Welt, vor allem vor den Weimarer Hofschranzen, in seinem Gartenhaus an der Ilm verbarg.

Tagsüber arbeitete sie weiter bei Bertuch, in der Nacht kam sie zu Goethe. Beschrieben wurde sie als ein rotwangiges, braungelocktes und hübsches Mädchen.

Goethe zeichnete sie häufig in den ersten Jahren ihrer Liebe. Seine Bilder stellen eigentlich keine solch außergewöhnliche Schönheit dar. Bemerkenswert ihr langes Haar, das in tiefen Wellen über die Schultern fiel. Auffällig jedoch ihre große Nase, die das Gesicht dominierte. Der sinnliche Mund entschärfte ein wenig das fast männlich wirkende Antlitz.

Auffallend hübsch war sie also nicht, die Christiane Vulpius, aber begehrenswert. Sie wusste das und sie wollte gewiss, dass er es auch bemerkte. Einige der schönsten Texte aus den „Römischen Elegien", die in diesen Monaten entstanden, zeugten vom erlebten häuslichen Glück in ihrer „Gewissensehe":

„Uns ergötzen die Freuden des echten nacketen Amors,
Und des geschaukelten Bettes lieblich knarrender Ton".

Es kam zu einer zunächst leidenschaftlichen, später tiefen, zwei ganze Leben lang reichenden Liebe. Und für Goethe bekam das Leben in Weimar wieder einen Sinn.

Goethe und Christiane begannen ihr Verhältnis in aller Heimlichkeit. Doch in der kleinen Residenzstadt Weimar konnte die Beziehung nicht lange ein Geheimnis bleiben. Ausgerechnet Fritz, der Sohn von Charlotte von Stein und des Geheimrates Liebling entdeckte die fremde Frau in Goethes Gartenhaus und hielt seinen Mund nicht. Der am höchsten bezahlte Beamte des Kleinstaates Sachsen-Weimar-Eisenach lebte mit einer einfachen Arbeiterin in „wilder" Ehe und das zu Hause! Heimliche Verhältnisse waren beim Adel üblich, aber die „Dame" wohnte dann immer diskret an einem anderen Ort und wurde dort von ihrem Liebhaber besucht. Selbst der Herzog machte da keine Ausnahme. Goethe jedoch bekannte sich offen zu Christiane und auch zu ihrem gemeinsamen Sohn August, der im Dezember 1789 geboren wurde. Für ihn übernahm sogar der Herzog von Sachsen-Weimar-Eisenach die Patenschaft, um so vor seinem Hof ein positives Zeichen setzend.

Doch die adlige Gesellschaft lehnte die Liaison ab, selbst Goethes Freunde Schiller und Herder äußerten sich verständnislos. Im gesellschaftlichen Verkehr mit Goethe wurde seine Freundin ignoriert. Charlotte von Stein löste ihre Beziehung mit den Worten: „Dieses Verhältnis ist ekelhaft!" Sie setzte sogar in die Welt, Goethes neue Geliebte sei eine „allgemeine Hure".

Die Höflinge und Bürger zerrissen sich die Mäuler über das nach ihrer Meinung nicht standesgemäße „Liebchen", „Dirnchen" und „Kreatürchen", die Goethe selbst sein „Blumenmädchen", seinen „lieben Bettschatz", sein „kleines Erotikum", später seinen „lieben Hausschatz" nannte.

Goethes Mutter hatte Christiane sofort toleriert, als sie sie kennen lernte. Nach ihrem ersten Treffen in Frankfurt schrieb sie an den Sohn: „Du kannst Gott danken! So ein liebes, herrliches, unverdorbenes Gottesgeschöpf findet man sehr selten [...]!"

Von der Weimarer Hofgesellschaft wurde vor allem Christianes große Begeisterung für ein flottes Tänzchen und einen guten Tropfen kritisiert. Doch Goethe war nicht bereit, sein Schlafzimmer nach den Vorstellungen der Höflinge zu einer Art „poetischer Akademie" zu gestalten. Er suchte darin offenbar ganz andere

Freuden. Mehrfach wurde die Reparatur der Betten notwendig. Sechs Paar zerbrochene Bänder mussten ersetzt, es musste gar genagelt werden. Die Rechnungen vom Weimarer Schlossermeister Spangenberg sind erhalten geblieben.

Gern weilte Goethe in seinem Gartenhaus an der Ilm, wenn er auch dessen Abgeschiedenheit und Enge immer häufiger bedauerte. Seine dienstlichen Aufgaben und gesellschaftlichen Verpflichtungen erforderten eigentlich eine Wohnung unweit des Hofes. Und seine wachsenden Sammlungen benötigten ein geräumigeres Haus.

Goethes Weimarer Liebesnest, sein Gartenhaus an der Ilm

Da das Gartenhaus seinen Ansprüchen nicht mehr gerecht werden konnte, hatte er sich bereits 1782 in einige Räume des Bürgerhauses am Frauenplan mit der breiten, wohlausgewogenen Barockfassade eingemietet, das der Kammerrat Georg Caspar Helmershausen

1709 erbauen ließ. Als das Haus 1792 zum Verkauf stand, erwarb es der Herzog und schenkte es Goethe nebst 1200 Talern für die Inneneinrichtung. Der Geheimrat ließ das Hausinnere nach seinen Bedürfnissen und Entwürfen umbauen.

So wurden bequem begehbare Treppen eingebaut, wie er sie in italienischen Renaissance-Palästen kennen gelernt hatte, und auch das kleinere runde Treppenhaus wurde gebaut, das die Arbeitsräume im Gartenflügel mit den Wohn- und Repräsentationsräumen im Vorderhaus verband. So diente ihm das Haus nicht nur „zum Wohlleben, sondern auch zur möglichen Verbreitung von Kunst und Wissenschaft". Er fand hier für sich und seine Familie eine gemütliche Wohnung, einen stillen Raum zum Arbeiten, die notwendigen Gesellschaftsräume, aber auch Platz für seine Bibliothek und die Sammlungen

Christiane Vulpius mit ihrem und Goethes Sohn August; Aquarell von J. H. Meyer, 1792

zur bildenden Kunst und den Naturwissenschaften. Außerdem schmückte ein hübscher Garten die Rückfront des Hauses. Goethe wohnte im Haus am Frauenplan, nachdem es sein Eigentum geworden war, noch vier Jahrzehnte, bis zu seinem Tod. Doch der Druck im kleinbürgerlichen Weimar wurde immer stärker gegen das „unmoralische Verhältnis" Goethes mit Christiane gerichtet.

Der Herzog musste eingreifen. Sein Freund musste zeitweilig das Haus am Frauenplan verlassen und mit seiner kleinen Familie in eines der Jägerhäuser vor der Stadt ziehen, wo es weniger komfortabel zuging als am Frauenplan. Doch Goethe hielt nach wie vor zu seiner Familie und war offensichtlich nicht einmal traurig über seine zeitweilige neue Bleibe, als er dem Herzog schrieb:

> Indess macht draußen vor dem Tor,
> Wo allerliebste Kätzchen blühen,
> Durch alle zwölf Kategorien
> Mir Amor seine Späße vor.

Erst drei Jahre später, Goethe hatte seinen Herzog bereits auf etlichen Kriegszügen begleitet, durfte er mit seiner Familie wieder in sein Haus am Frauenplan zurückkehren.

Goethe war auch in dieser Zeit literarisch aktiv: „Tasso" und die „Faust-Fragmente" erschienen, wenn auch ohne große Resonanz. Der Bestseller-Autor von einst mit seinem „Götz" und dem „Werther" erlebte jetzt wesentlich geringere Auflagen. Anders Goethes Schwager, Christian August Vulpius. Trotz der Empfehlungen Goethes in Leipzig und Nürnberg hatte er zunächst finanziell wenig Erfolg. Doch sein Räuberroman „Rinaldo Rinaldini" machte ihn in Deutschland bekannter als andere große Dichter seiner Zeit. Nicht ganz einfach war das Leben am Frauenplan. Christiane, der Sohn August und noch einige weitere

Angehörige von ihr wohnten nun dort. Doch zum Dichten brauchte Goethe Ruhe! Häufig hielt er sich deshalb in der benachbarten Universitätsstadt Jena auf, in der dortigen Abgeschiedenheit konnte er an seinen Werken arbeiten.

Christiane versorgte den Haushalt. Von der vornehmen Gesellschaft wurde sie weiterhin geschnitten. Auch Schiller, der drei Wochen im Haus gewohnt hatte, verließ sie ohne ein Wort des Dankes. Kontakt bestand eigentlich nur zu den Schauspielern des Weimarer Hoftheaters, unter denen fühlte sie sich wohl.

Christiane konnte Goethe geistig keine ernsthafte Partnerin sein. Die Briefe an ihren Gatten zeugten von ihren Bildungslücken. Aber sie hatte einen gesunden und natürlichen Menschenverstand. Sie verstand nicht viel von Poesie, dafür zunächst umso mehr von Erotik, später vor allem lebensfroh und praktisch veranlagt von der energischen und geschickten Führung des großen Haushaltes. So regelte sie nach dem Tode von Goethes Mutter in Frankfurt a. M. sogar die Erbschaftsangelegenheiten. Auch sprach sie ihn stets mit „Herr Geheimrat" an, was ihm schmeichelte.

Rührend, wenn auch in der eigenwilligen Rechtschreibung ihres breiten Thüringer Dialektes, sind ihre Briefe an den häufig dienstlich abwesenden Hausherren. So schrieb sie, als sie mit ihrem Söhnchen August den Vater auf der Fahrt nach Jena bis Kötschau begleitete: „Wie Du in Käuschau von uns wech wahrst gin wir naus und sahm auf dem berch dein Kuss fahren da fingen wir alle bey eile am zu Heulen und sachten beyde es wäre uns so wuderlich". Ihrer Umwelt blieben freilich ihr ästhetisches Empfinden und Differenzierungsvermögen im Theaterwesen meist verborgen. Deshalb wunderten sich die Menschen, als Ende des 19. Jahrhunderts eine vom Weimarer Hofbildhauer Carl Gottlieb Weisser gefertigte Büste Christianes in einem eigens dazu errichtetem Pavillon des Kurparkes Bad Lauchstädt als Bronzekopie aufgestellt wurde.

Christiane Vulpius   *Johann Wolfgang von Goethe*
Kreidezeichnungen von F. Bury, 1800

Der 14. Oktober 1806 war ein trüber, nebliger Tag. Am späten Nachmittag verfolgten die napoleonischen Truppen die aus der Schlacht von Jena in wilder Hast flüchtenden preußischen und sächsischen Soldaten auch nach Weimar.

Die 7 500 Einwohner der Residenzstadt wurden von mehr als 40 000 müden, hungrigen, durstigen und beutegierigen Franzosen und ihren Bundesgenossen auf das Übelste drangsaliert. Goethe schrieb am Morgen des nächsten Tages in sein Tagebuch: „Sieben Uhr

Brand, Plünderung, schreckliche Nacht. Erhaltung unseres Hauses durch Standhaftigkeit und Glück!" Was war passiert im Haus am Frauenplan?

Goethe musste am Nachmittag des 14. Oktober sechzehn Offiziere des Stabes der Elsässischen Husaren in Quartier nehmen, die sich einigermaßen menschlich verhielten, wenn man von Anzüglichkeiten gegenüber der Hausherrin absah.

In der Nacht jedoch forderten zwei versprengte Tirailleurs Einlass und nötigten Goethe, mit ihnen zu trinken. Mit jedem Glas wurden sie frecher. Endlich konnte sich Goethe in sein Schlafzimmer zurückziehen. Nicht lange danach drangen die beiden Beutemacher jedoch auch hier ein und bedrohten das Leben des Geheimrates, um Geld und Kostbarkeiten zu erpressen. Christiane rief rasch einen der vielen Weimarer Bürger zu Hilfe, die im Haus am Frauenplan Schutz gesucht hatten. Beide drängten die Marodeure erfolgreich aus dem Haus. Am Morgen des 15. Oktober nahm Marschall Ney bei Goethe Quartier und eine Schildwache zog vor dem Tor auf.

Nie wieder sprach Goethe über diese schweren Stunden in seinem Leben. Aber Christiane bezeugte er seine Dankbarkeit, indem er seine langjährige Geliebte und Mutter seines einzigen, mittlerweile 17-jährigen Sohnes August aus ihrem 18-jährigen Konkubinat befreite und ehelichte.

Die Hochzeit fand am 19. Oktober 1806, fünf Tage nach der beherzten Rettungsaktion Christianes in der Sakristei der Weimarer Jakobskirche statt, die seit 1778 die Weimarer Hof- und Garnisonkirche war. Als Datum der Eheschließung ließ er in die Ringe den 14. Oktober

1806 gravieren, den Tag, an dem ihm Christiane das Leben gerettet hatte. Die Trauung fand in aller Stille statt, nur zwei Gäste waren außer dem Brautpaar und dem Pfarrer anwesend, der gemeinsame Sohn August und dessen früherer Lehrer Friedrich Wilhelm Riemer.

Vor der Trauung ließ Goethe den Hofprediger wissen: „Ich will meine kleine Freundin, die so viel an mir getan, völlig und bürgerlich anerkennen als die Meine [...].“ Als Christiane gefragt wurde, warum sie nun doch noch geheiratet hätten, antwortete sie spitzbübisch lächelnd: „Der Herr Geheimrat und ich, wir saßen immer und sahen uns an. Das wurde am Ende langweilig.“

Für Christiane änderte sich nach der Eheschließung nichts. Sie stand weiterhin dem komplizierten Haushalt am Frauenplan vor und pflegte ihren Gatten liebevoll während seiner Krankheiten.

Auch für Goethe änderte sich nichts. Er liebte Christiane weiterhin ganz innig und versuchte sie in das Hofleben einzubeziehen. Doch die Weimarer Gesellschaft nahm die Ehe empört zur Kenntnis. Wie konnte nur der Geheimrat keine Dame von Stande heiraten, sondern ein Mädchen aus dem Volke, wenn auch aus einer alten Thüringer Familie. Die Beziehungen zu ihr waren von vorgefasster Abneigung, Verständnislosigkeit und wohl auch von Eifersucht geprägt.

Ein Publizist schrieb damals: „Ihr Name löst noch immer eine eigentümliche Verlegenheit aus, die man am liebsten mit ein paar Blumen überdecken möchte.“

Aber es gab auch einzelne andere Stimmen. So schrieb der jüngere Voß an einen Freund: „Die Vulpius mag sein wie sie will, für Goethe hat sie von jeher mit beispielloser Treue gewacht [...] Sie ist sinnlich, das heißt auf Vergnügen ausgehend. Aber so lange ich sie kenne, hat sie nichts getan, was auch bei den strengsten Rigoristen ihr Renommee verdächtig machen könnte. Man braucht sie wahrscheinlich nicht zu überschätzen, man lasse ihr nur, was sie hat."

Schon einen Tag nach der Hochzeit versuchte Goethe seine Frau in die Weimarer Gesellschaft einzuführen.

Goethes Wohnhaus am Weimarer Frauenplan; Kupferstich nach O. Wagner mit eigenhändigen Versen Goethes, 1828:

„Warum stehen sie davor?
Ist nicht Thüre da und Thor?
Kämen sie getrost herein,
würden wohl empfanget seyn."

Nicht beim Adel, sondern zunächst bei einer „Zugereisten": bei der Schriftstellerin Johanna Schopenhauer. Sie hatte keine Bedenken und schrieb noch am Abend ihrem Sohn: „... denselben Abend ließ er sich bei mir melden und stellte mir seine Frau vor. Ich empfing sie, als ob ich nicht wüsste, wer sie vorher war. Wenn Geheimrat von Goethe ihr seinen Namen gab, kann ich ihr wohl eine Tasse Tee anbieten! Ich sah deutlich, wie mein Benehmen ihn freute." Diese positive Geste vergaß ihr Goethe sein Leben lang nicht.

Aber vergessen wir bitte nicht, dass Christiane sehr lange von der deutschen Gesellschaft nicht anerkannt wurde, dass Thomas Mann über sie sagte, sie wäre ein schönes Stück Fleisch, gründlich ungebildet, und dass Romain Rolland sie sogar eine geistige Null nannte. Ihre erste geschlossene Biografie wurde 1949 aus Anlass des 200. Geburtstages ihres Gatten von Wolfgang Vulpius veröffentlicht. Gerechtigkeit widerfuhr ihr eigentlich erst durch Sigrid Damms Buch „Christiane und Goethe. Eine Recherche.".

Und vergessen wir bitte auch nicht, dass Goethe zwar stets zu ihr stand, aber dass man nirgends ein Wort der Hochachtung zu seiner langjährigen Geliebten, seiner fleißigen Haushälterin, Ehefrau und Mutter seines einzigen Sohnes lesen kann. Der Tod der Kaiserin hatte „unauslöschbare Spuren" in ihm hinterlassen, der Tod der Frau, mit der er 28 Jahre zusammen lebte, hinterließ nichts, was er wert befunden hätte, uns als Dank an sie zu hinterlassen. Als lebenslustige und schlanke 23-jährige hatte Goethe Christiane kennen gelernt und zu sich genommen. Bald schon wurde sie füllig, später dick, endlich unförmig. Aus dem „Bettschatz" wurde der „Hausschatz", aber immer blieb sie lustig und fleißig. In seinem Buch „Christiane" stellte Wolfgang Vulpius dar, was Goethe bewog, dem Naturwesen aus der

Weimarer Luthergasse in dieser gewiss auch problematischen Ehe die Treue bis zum Tod zu halten: „[...] nur einem so einfachen, unverbildeten Geschöpf mochte er seine menschlichen Bedürfnisse anvertrauen, nur mit ihr konnte das Kind, das auch in ihm versteckt war, lachen, plaudern und spielen. An Christianes Seite durchlebte er die Jahre seiner wärmsten Menschenfreundlichkeit und Duldung, die Forderungen des Leibes, die Bedingtheit der menschlichen Natur bei sich und anderen anerkennend."

Christiane von Goethe;
Bleistiftzeichnung
von F. A. Tischbein, 1812

Mit zunehmendem Alter wurde Christianes Gesundheit schwankend. Im Jahre 1815 erlitt sie einen Schlaganfall. Im folgenden Jahr kam unter starken Schmerzen ein Versagen der Nierenfunktion hinzu. Nach qualvollen Leiden verstarb sie bereits mit 50 Jahren am 6. Juni 1816 an Urämie. Zwei Tage dauerte ihr schier unmenschlicher Todeskampf, den die Ärzte nicht lindern konnten. Goethe besuchte sie nicht mehr, er lag in seinem Bett, nur wenige Zimmer entfernt, an einem Katarrh leidend. War es seine schon oft geübte Flucht in eine Krankheit bei unangenehmen Problemen?

Und das diktierte er seinem Schreiber John für sein Tagebuch am Sterbetag seiner Frau: „Gut geschlafen und viel besser. Nahes Ende meiner Frau. Letzter fürchterlicher Kampf ihrer Natur. Sie verschied gegen Mittag. Leere und Totenstille in und außer mir. Ankunft und festlicher Einzug der Prinzessin Ida und Bernhards. Hofr. Meyer, Riemer. Abends brillante Illumination der Stadt. Meine Frau um 12 nachts ins Leichenhaus. Ich den ganzen Tag im Bett."

Scheinbar gefasst reihte er den Tod seiner langjährigen Geliebten und Ehefrau, der Mutter seines Sohnes August und den Einzug der Fürstlichkeiten in Weimar nebeneinander. War er so gefühlskalt?

Ein Blick in das Manuskript des Tagebuches zeigt, dass er nicht so unerschütterlich war, wie es dem Inhalt nach den Anschein hatte. Offensichtlich versuchte er Haltung zu bewahren. Oft musste John ändern, oft radieren.

Und wir wissen aus dem Nachlass des Arztes, dass Goethe nur wenige Tage vor ihrem Tod am Krankenbett seiner Frau, auf Knien liegend, geschrieben hatte: „Du kannst, Du sollst mich nicht verlassen!"

Dennoch: Goethe nahm weder an ihrer Trauerfeier noch an ihrer Beerdigung teil. Sie wurde auf dem Jakobsfriedhof in Weimar beigesetzt. Ihr Grab war lange Zeit verschollen und wurde erst 1888 wieder aufgefunden. Auf der Grabplatte stehen Goethes Abschiedsverse:

„Du versuchst, o Sonne, vergebens,
Durch die düstren Wolken zu scheinen!
Der ganze Gewinn meines Lebens
Ist, ihren Verlust zu beweinen."

Silvie von Ziegesar, Drackendorf bei Jena, 1802 – 1809

Silvie Freiin von Ziegesar;
Pastell von Louise Seidler, 1803

„Wie gern flüchten meine Gedanken zu Ihnen", schrieb Goethe in seinem letzten Brief 1809 an Silvie von Ziegesar nach Drackendorf. Eingedenk seiner großen Berühmtheit als Dichter im deutschsprachigen Raum und seiner hohen Stellung als Geheimer Rat und Minister am Sachsen-Weimarischen Hof flüchtete er bedauernd, aber dennoch entsagend mit seinen Gedanken in die Poesie. Er soll bereits „von beträchtlicher Korpulenz" gewesen sein, wie ein Zeitgenosse bemerkte, jedoch noch immer von großer Wirkung auf die Frauen.

Am 5. März 1802 hatte der 53-jährige Johann Wolfgang von Goethe auf einem Ball beim Jenaer Medizin-Professor Justus Christian Loder die damals erst 17-jährige Silvie von Ziegesar getroffen und war für sie entflammt.

Silvie war die jüngste Tochter des sächsisch-gothaisch-altenburgischen Geheimrates und Kanzlers August Friedrich Carl Freiherr von Ziegesar und seiner Gattin Magdalena Auguste geborene von Wangenheim. Der

Dichterfürst war mit ihren Eltern bereits seit 1776 bekannt und befreundet.

Die Familie von Ziegesar verbrachte mit ihren vier Töchtern alljährlich den Sommer auf ihrem Rittergut in Drackendorf, damals eine Exklave des Herzogtums Sachsen-Gotha-Altenburg im späteren Großherzogtum Sachsen-Weimar-Eisenach. Es lag im Süden Jenas unterhalb der Lobdeburg-Ruine und ist heute in die Stadt eingemeindet. Die Familie schloss sich während dieser Aufenthalte gern den gesellschaftlichen Kreisen der Universitätsstadt an. Dazu gehörten in jener Zeit solche schöpferischen Geister wie Friedrich Schiller, weitere Universitätsprofessoren und die Frühromantiker.

Goethes „Tag- und Jahreshefte" bemerkten schon frühzeitig das junge Mädchen: „Kinder, bei meinem ersten Eintritt in Drackendorf noch nicht geboren, kamen mir stattlich und liebenswürdig herangewachsen hier entgegen."

Das Nesthäkchen Silvie wurde von ihren Eltern besonders behütet und geliebt. Sie lernte leicht und schnell, war musisch begabt und dichtete sogar. In Jena war sie befreundet mit der Malerin Louise Seidler und mit Pauline Gotter, der späteren Gattin des Jenaer Professors Friedrich Wilhelm Schelling.

In Erinnerung an ihren ersten gemeinsamen Tag mit Goethe schrieb die 17-jährige von einem „schönen, süßen Tag, als mir der Freund im Arme lag". Und sie dichtete weiter:

> „Wir scherzten, spielten, lachten viel,
> Die Liebe führte unser Spiel.
> Vergessen war der Schmerz,
> Der sonst mir schwer im Busen lag

Und drückte meine Brust.
Er war vergessen diesen Tag,
Ich kannte nichts als Lust ...
Doch jetzt, ach, sinkt die Sonne dort,
Da hinter jenem Hügel,
Ich sitz allein am stillen Ort
Und wünsche mir nur Flügel,
Zu fliegen, wo er jetzo wohnt
Und wohl gar an mich denkt,
Damit er meine Liebe lohnt
Und mir die seine schenkt."

Trotz des beträchtlichen Altersunterschieds begann von beiden Seiten eine leidenschaftliche und tiefe Neigung. Goethe nahm dabei keine Rücksicht auf sein in Weimar wartendes „kleines Erotikum", seinen „lieben Bettschatz" Christiane Vulpius, mit der er 1802 noch immer nicht verheiratet war. Sie galt bereits seit 14 Jahren als Goethes Haushälterin.

Silvie, „eine liebreizende schlanke Gestalt" mit vollem blonden Haar, liebenswert und gescheit, offenbar geschmeichelt von der Zuneigung des großen Dichters und Staatsmannes, erwiderte die Gefühle des 36 Jahre älteren Geheimrates. Und sie dichtete für den Geliebten. Nach der Frankfurterin Marianne von Willemer war sie die zweite Frau in Goethes Romanzen und Affären mit poetischen Neigungen. Wolfgang Vulpius bemerkte in seinem 1955 im Greifenverlag zu Rudolstadt erschienenem Buch „Goethe in Thüringen", dass sie ihm das „geistig-erotische Entzücken gewährte, dessen er mit zunehmendem Alter zur Belebung seiner Schöpferlust bedurfte."

Bergschloss

von Johann Wolfgang von Goethe

Da droben auf jenem Berge,
Da steht ein altes Schloss,
Wo hinter Toren und Türen
Einst lauerten Ritter und Ross
Verbrannt sind Türen und Tore
Und überall ist es so still;
Das alte verfall'ne Gemäuer
Durchklett're ich, wie ich nur will.

Das Innere der Ruine Lobdebug

Hierneben lag ein Keller,
So voll von köstlichem Wein;
Nun steigt nicht mehr mit Krügen
Die Kellnerin heiter hinein.

Sie setzt den Gästen im Saale
Nicht mehr die Becher umher;
Sie füllt zum heiligen Mahle
Dem Pfaffen das Fläschchen nicht mehr.

Sie reicht dem lüsternen Knappen
Nicht mehr auf dem Gange den Trank
Und nimmt für flüchtige Gabe
Nicht mehr den flüchtigen Dank.

Denn alle Balken und Decken,
Sie sind schon lange verbrannt,
Und Trepp' und Gang und Kapelle
In Schutt und Trümmer verwandt.

Doch als mit Zither und Flasche
Nach diesen felsigen Höhn
Ich an dem heitersten Tage
Mein Liebchen steigen geseh'n,

Da drängte sich frohes Behagen
Hervor aus verödeter Ruh'.
Da ging's wie in alten Tagen
Recht feierlich wieder zu.

Als wären für stattliche Gäste
Die weitesten Räume bereit,
Als käme ein Pärchen gegangen
Aus jener tüchtigen Zeit.

Als stünd' in seiner Kapelle
Der würdige Pfaffe schon da
Und fragte: „Wollt' Ihr einander?"
Wir aber lächelten: „Ja!"

Und tief bewegten Gesänge
Des Herzens innigsten Grund;
Es zeugte statt der Menge
Der Echo schallender Mund.

Und als sich gegen Abend
Im Stillen alles verlor,
Da blickte die glühende Sonne
Zum schroffen Gipfel empor.

Und Knapp' und Kellnerin glänzen
Als Herren weit und breit;
Sie nimmt sich zum Kredenzen
Und er zum Danke sich Zeit.

Dreißig Mal wurden von den Goetheforschern Aufenthalte unseres größten deutschen Dichters in Drackendorf nachgewiesen. Damit ist es bereits sein meistbesuchtes Dorf.

Wahrscheinlich war er aber noch öfter heimlich hier. Die Sehnsucht nach seinem wohl am wenigsten bekannten Liebchen trieb ihn gewiss her.

Gern streiften beide durch das Saaletal, welches sich oberhalb Jenas besonders romantisch zeigte. Dies war bedingt durch in die von der Saale durchflossene Landschaft eingestreute Dörfer und kleine Wäldchen, über denen sich damals die noch ohne Vegetation stehenden steilen Wände der hellen Kernberge erhoben.

Drackendorf mit der Ruine der Lobdeburg;
Stahlstich von Heß um 1800

Nach einer gemeinsamen Wanderung zur Lobdeburg-Ruine im Mai 1802 entstand Goethes Ballade „Bergschloss". Darin beichtete er seine innersten Empfindungen für Silvie. Ihrem Neffen schrieb das junge Mädchen stolz, dass er die Verse an ihrem Nähtisch in der Eckstube des Drackendorfer Gutshauses für sie geschrieben hatte.

Ohne Silvie vergessen zu können, riss sich der große Dichter 1803 aus der Verstrickung los, beendete das Verhältnis, wenn es ihn auch weiter quälte und bedrängte. 1806, nach den persönlichen tragischen Erfahrungen mit der französischen Besatzung, heiratete er seine langjährige Freundin und die Mutter seines einzigen Sohnes, Christiane Vulpius.

Nach etwas mehr als einem weiteren Jahr loderte die Beziehung zu Silvie erneut auf. Er traf sie zur Kur in Karlsbad. Mitte Mai 1808 reiste er dorthin, drei Wochen später traf sie mit ihrer Familie in dem böhmischen Bad ein. Die indessen 22-jährige Silvie von Ziegesar und der 59-jährige Johann Wolfgang von Goethe unternahmen ausgedehnte Spaziergänge. Man sah ihn immer öfter allein an der Seite dieses „schlanken Wesens". Ganz Karlsbad klatschte darüber. Es störte das „junge Glück" nicht. Dann reisten die Ziegesars weiter nach Franzensbad. Goethe reiste ihnen nach. Er wohnte mit ihnen im Kurhaus unter einem Dach.

Am 21. Juni feierte sie ihren 23. Geburtstag und er schrieb für sie das Geburtstagsgedicht „Für Silvie von Ziegesar" dessen Steigerung in der letzten Zeile besonders bemerkenswert ist:

> „Folge so Dir immer, wie sich's wölken mag,
> Heit'rer Sonnenschimmer, Dir zum eignen Tag!
> Trotz dem Wetterbübchen, geht's Dir jungem Blut,
> Tochter, Freundin, Liebchen, wie Du's wert bist, gut!"

Am Morgen darauf reiste er überstürzt nach Karlsbad zurück. „Adieu, süßes Kind!", soll auf dem Brief gestanden haben, den der Kutscher Silvie überbrachte. Aber so überstürzt vermochte er sich von dem „süßen Kind" noch nicht zu trennen. Vier Monate nach der Rückkehr aus Karlsbad führte ihn sein Weg noch immer nicht nach Weimar zu seiner Ehefrau. Am 14. September traf er in Jena ein und bereits am nächsten Tag besuchte er Silvie in Drackendorf.

Noch wusste er nicht, dass seine geliebte Mutter am 13. September verstorben war. Goethe hatte sie 1797 das letzte Mal in Frankfurt getroffen. Als sie jetzt 78-jährig starb, hatte er sie inzwischen weder besucht, noch einmal nach Weimar eingeladen.

Als seine Gattin Christiane die Nachricht vom Tod der Schwiegermutter erhielt, sandte sie sofort einen Boten nach Drackendorf. Der Geheimrat solle nach Weimar kommen. Noch wusste sie nicht, wie sie ihm den Tod der Mutter beibringen sollte - ihm, der schlechte Nachrichten hasste. Sie schmückte das Haus für die Rückkehr des Gatten und sagte es ihm am 17. September nach Tisch. „Er war ganz hin", schrieb sie an ihren gemeinsamen Sohn August. „Dein Vater ist recht wohl aus dem Bade gekommen, schmal um sine Bauch. Er bewegt sich viel leichter [...]"

Goethe schrieb nach Drackendorf: „Als mich, liebste Silvie, der Eilbote aus Ihrem freundlichen Thale wegrief, ahnde ich noch nicht, was mir bevorstand. Der Tod meiner theuren Mutter hat den Eintritt nach Weimar mir sehr getrübt!"

Aber in die von den Franzosen besetzte Heimatstadt Frankfurt zu fahren, Abschied zu nehmen von der „theuren Mutter" und die Erbschaft zu regeln, hielt er nicht für notwendig. Napoleon wurde erwartet, in Erfurt der Fürstenkongress vorbereitet. Der Kaiser der Franzosen wollte Goethe ehren mit einem langen Gespräch und dem Orden der Ehrenlegion, den dieser noch trug, als Napoleon bereits lange auf Elba verbannt war. Herzog Carl August von Sachsen-Weimar-Eisenach veranstaltete für Napoleon eine große Jagd. Zwei Jahre zuvor hatte Goethes Dienstherr auf der Höhe zwischen Jena und Auerstedt noch seine Landessöhne für Preußen von den Truppen des französischen Kaisers niedermetzeln lassen. Das alles war Goethe wichtiger, als der verstorbenen Mutter die letzte Ehre zu erweisen. In Erfurt, Weimar und Jena nahm er überall persönlich teil. Nach Frankfurt schickte er Christiane. Auch Silvie plagten inzwischen andere Sorgen. Sie pflegte ihre schwerkranke Mutter, die im März 1809 verstarb. Mit einer „Osterelegie" beklagte Silvie diesen Verlust und ihre unglückliche Liebe:

> *„Nun sitz' an diesem Ostertage*
> *Ich einsam, mutterseelenallein*
> *Und denk in grauser Sehnsuchtsplage*
> *Von früh bis spät am Abend Dein.*
> *Und jeder Atemzug ist Liebe,*
> *Und jeder Augenblick ist Qual,*
> *Und jeder Herzschlag peitscht wie Hiebe,*
> *Ach, ist das Leben öd und schal!*
> *Bei Dir zu sein ist Schmerz und Wonne,*
> *Entfernt von Dir ist Schmerz und Pein.*
> *Aus Deinen Augen, welche Wonne,*
> *Und doch welch Leid, bei Dir zu sein!"*

Doch so ganz hatte sie sich wohl mit dem Verzicht noch nicht abgefunden. Am 5. Juni 1809 kam es zu einem unerhörten Vorfall anlässlich des Besuches der beiden Geheimräte von Goethe und von Ziegesar mit Tochter Silvie und Louise Seidler, der Malerin und Freundin Silvies, bei der Jenaer Familie Kayser. Fräulein Seidler übermittelte das Geschehen in einem Brief: „Bald kam Silvie, wir gingen ihr auf der Treppe entgegen und als ihr Kaysers sagten, daß Goethe da sei, flog sie in die Stube und an seinen Hals, daß ich glaubte, die beiden Arme könnten ihn erdrosseln. Ich konnte nicht hinsehen, alles war in peinlicher Verlegenheit. Doch Silvie hatte sich schnell wieder im Griff. Zwar saß sie am Abend neben Goethe, aber in gleichgültigen Gesprächen, doch noch rot und glühend wie die schönste Rose." Von 1802 bis 1809 war Silvie von Ziegesar die dominierende Frauengestalt in Goethes Leben und literarischem Schaffen. Bereits 1855 hatte Heinrich Düntzer Silvie als die tiefste Quelle für Goethes Schaffen in der Zeit der „Wahlverwandtschaften" entdeckt. Gustav Mohr entwickelte 1934 vor der Goethegesellschaft die Silvie-These und schließlich erspürte und rettete Dr. Herbert Koch die letzten noch erreichbaren Unterlagen durch rechtzeitiges Abschreiben. Die Originale gingen im Bombenhagel des II. Weltkrieges verloren.

Erst nach 1809 brach Goethe die Verbindung zu Silvie von Ziegesar vorsichtig ab. Der inzwischen 60-jährige Goethe hatte in diesem Jahr seine „Wahlverwandtschaften" beendet. Das Buch wurde zunächst ein Skandal und erntete Empörung. Die literarische Welt rätselte, wer wohl „Ottilie" sei, der „Eduard" so unwiderstehlich verfiel? Wilhelm Grimm mutmaßte: „Die Ottilie ist ein Fräulein, von der Goethe gesagt hatte, es stäke nicht ein, sondern tausend Engel in ihr [...]" War es Silvie?

In Frage kamen viele, hatte Goethe doch selbst an den Verlagsbuchhändler Georg Andreas Reimer geschrieben: „Ich mag meine Schnöckerei um die Weiber, die mir gefallen, nicht ablegen, ob ich gleich weiß, daß sie zu nichts führen kann und mir sonst schädlich ist."

Doch auch darum wurde das Buch letztlich ein enormer Publikumserfolg. Marianne von Eybenberg notiert 1810: „Nie sind die Buchhändler so bestürmt worden, es war wie vor einem Bäckerhause in einer Hungersnot." Mit Sicherheit war auch die Gestalt der Epimeleia in der „Pandora" eine Verkörperung der Silvie. Und der „ewige Maientag" des 16. Sonetts mit dem Höhepunkt des ganzen Leidenschaftsdra-

Johann Wolfgang von Goethe mit dem ihm von Napoleon verliehenen Stern der Französischen Ehrenlegion

mas mit erster Begegnung, Sich-finden, Trennung und Wieder-zueinander-finden im Schauplatz Karlsbad? Alle Dichtungen Goethes in diesen Jahren, seine „Wahlverwandtschaften", sein 16. Sonett, seine „Pandora" spiegeln sein Verhältnis zu Silvie von Ziegesar wider.

Friedrich August Koethe wurde 1809 als Garnisonsprediger und Professor der Theologie an die Jenaer Universität bestellt. Er war der Begründer des Sammelwerkes „Zeitgenössische Biografien und Charakteristiken" und wurde bald zu einem beliebten Besucher im

Drackendorfer Gutshof, wo nach wie vor ein geselliges Haus gepflegt wurde. Zu den Logiergästen gehörte auch Wilhelm von Kügelgen, der fünf Jahrzehnte später in seinen „Jugenderinnerungen eines alten Mannes" schwärmte: „Täglich kamen Gäste aus dem nahegelegenen Jena, Leute guter Art und jeden Standes."

Und Koethe beschrieb er als einen liebenswürdigen Gelehrten. Er pries ihn als bescheiden, sanft und klug. „Ein natürlich-edler Charakter von Gott geadelt, und diesen Adel hatte auch Fräulein Silvie anerkannt. Sie hatte sich mit ihm verlobt und beide waren entschlossen, ihre Pilgerreise fortan selbander fortzusetzen", schrieb Kügelgen.

An ihrem 29. Geburtstag, am 21. Juni 1814, gaben sich beide mit einer prächtigen Hochzeit in der Drackendorfer Kirche das Ja-Wort. Sie führten eine 36-jährige glückliche Ehe. Silvie suchte 1815 noch einmal den Kontakt zu Johann Wolfgang von Goethe und bat ihn, der Pate ihres ersten Kindes Selma Marie zu werden, was er ihr nicht abschlug. Ganz aus den Augen verloren sie sich, als Silvies Mann zum Superintendenten in Allstedt berufen wurde.

Sie verstarb 1858 in Großneuhausen bei Buttstädt im Alter von 73 Jahren. Ihre Grabstätte ist heute noch zu besichtigen. Das Herrenhaus des Rittergutes in Drackendorf jedoch steht nicht mehr. Es fiel 1949 politischen Eiferern zum Opfer und wurde abgerissen. An die Liaison zwischen Goethe und Silvie erinnert der nach dem Dichterfürsten benannte Gutspark mit seinen alten, dicken Bäumen und seinem klassizistischen Teehäuschen.

Wilhelmine Herzlieb, Jena, 1807–1832

Wilhelmine Herzlieb;
Ölgemälde von Louise Seidler, 1812

Christiane Wilhelmine Friederike Herzlieb wurde am 22. Mai 1789 in Züllichau in der ehemaligen Neumark Brandenburg als Tochter eines Superintendenten geboren, verlor aber schon in ganz jungen Jahren ihre Eltern.

Die Vollwaise wurde als Ziehtochter von der Familie des Verlegers Carl Friedrich Ernst Frommann aufgenommen und zog mit ihr nach Jena um, das damals mit seiner freiheitlichen Universität und mit der Frühromantik gerade das Herz des geistigen Deutschlands war, mehr noch als Weimar. Hier wurden ihre Pflegeeltern im Gebäudekomplex am unteren Fürstengraben Mittelpunkt gesellschaftlicher Kreise um Goethe, Schiller und die Gebrüder Humboldt.

Gerade Goethe weilte häufig in Jena, um sich hier, fernab vom Trubel der Residenzstadt Weimar, seinen poetischen und wissenschaftlichen Projekten zu widmen. Nach des Tages Mühen verkehrte der Dichterfürst gern und oft an den geselligen Abenden bei Frommanns. Gerade 1807 erweckte Minchen Herzlieb mit ihrer jugendlichen Frische und Lieblichkeit die

Aufmerksamkeit der Gäste. Der 58-jährige Goethe, der nach 18-jährigem Konkubinat endlich Christiane Vulpius geheiratet hatte, aber wie bei einem alten Ehepaar bereits alle körperlichen und geistigen Wendungen kannte, beobachtete die 18-jährige genau.

Mehrere Gedichte zart verschleierter Liebeshuldigungen richtete er an Minchen Herzlieb. In diesen Sonetten spielte er zärtlich mit dem Namen des Mädchens und stiftete so eine neue Liebeslegende, die alsbald von seinen Verehrern aufgenommen und weiter verbreitet wurde, denn Goethe förderte hin und wieder das Treiben um seine Person.

Die 18-jährige wurde sich aber offenbar nicht ganz der Bedeutung dieser Zuneigung des 58-jährigen bewusst. Dazu kam, dass sie auch von anderen Dichtern aus dem Umfeld Goethes wie Friedrich Wilhelm Riemer und Zacharias Werner literarisch umschwärmt wurde. So war es wohl, dass Minchen eher in die Kategorie der „Äugelchen" gehörte, vergleichbar anderen Jenaer Flirts wie zum Beispiel mit der Malerin Louise Seidler oder deren Freundin Pauline Gotter.

Die Liebe, die Eduard in den „Wahlverwandtschaften" unwiderstehlich zu Ottilien zog, ist nach Meinung besonders der älteren Goethe-Forscher eine gesteigerte Spiegelung des Verlangens, das Goethe heftig, aber auch rasch abklingend in Minchen Herzliebs Gegenwart empfand. Dagegen weisen gerade die jüngeren Forscher auf die länger anhaltende Neigung zu der durch größeren Liebreiz und ihre poetische Leistung auffallenden Silvie von Ziegesar aus Drackendorf bei Jena hin. In einem Brief an Christiane, datiert freilich erst vom 6. November 1812, gesteht er seiner Frau:

„Gestern Abend habe ich auch Minchen wieder-
gesehen. Ich überließ es dem Zufall, wie ich mit ihr
zusammenkommen sollte. Der hat sich auch recht artig
erwiesen, und so war es eben recht. Sie ist nun eben
um ein paar Jahre älter. An Gestalt und Betragen usw.
aber immer noch so hübsch und artig, daß ich mir gar
nicht übel nehme, sie einmal mehr als billig geliebt zu
haben."
Selbst Bettina Brentano scheint zu den „Äugelchen"
zu gehören. In einem Brief an Goethe nämlich mahnt
Christiane, offensichtlich scherzhaft versuchend,
Ernstes abzuwenden: „Ist denn die Bettina in Karlsbad
angekommen und die Frau von Eybenberg? Und hier
sagt man, die Silvie und Gottern gingen auch hin. Was
willst Du denn mit allen Äugelchen anfangen? Das
wird zu viel! Vergiss nur nicht Dein ältestes, mich, ich
bitte Dich, denke doch zuweilen an mich. Ich will indes fest auf Dich vertrauen, man mag sagen, was man
will. Denn Du bist es doch allein, der meiner gedenkt!"
Immerhin hat Minchen Herzlieb, mehr als die anderen
„Äugelchen" der damaligen Zeit, Goethe zur literarischen Produktion angeregt.
Wie die älteren Goethe-Forscher zu bemerken geru-
hen, trägt die Ottilie der 1809 erschienenen „Wahlverwandtschaften" einige Züge Minchens, was die jüngeren bestreiten. Aber auch 17 Sonette verfasste Goethe
in jener Zeit, einige unzweifelhaft an Minchen gerichtet.
Freilich war diese Sonettenwut weniger Ausdruck seiner
individuellen Leidenschaft für Minchen, als vielmehr
die Teilnahme an einem literarischen Spiel, das der
Dichter Zacharias Werner ausgelöst hatte. In dem bald

ausbrechenden „Sonettenkrieg" beteiligten sich viele
Dichter und die, die sich dafür hielten. Goethes be-
rühmtestes Gedicht an Minchen, die „Scharade", ergab
in seiner Auflösung Minchens Geburtsnamen „Herzlieb". Dabei kann man die poetische Gestaltung des
Themas bewundern, keineswegs aber eine besondere
Leidenschaft des Dichters für Minchen in die Verse
hineininterpretieren.

Scharade
von Johann Wolfgang von Goethe

Zwei Worte sind es, kurz, bequem zu sagen
Die wir so oft mit holder Freude nennen,
Doch keineswegs die Dinge deutlich kennen,
Wovon sie eigentlich den Stempel tragen.

Es tut gar wohl in jungen und alten Tagen,
Eins an den anderen kecklich zu verbrennen:
Und kann man sie vereint zusammen nennen,
So drückt man aus ein seliges Behagen.

Nun aber such' ich ihnen zu gefallen,
Und bitte, mit sich selbst mich zu beglücken
Ich hoffe still, doch hoff ich's zu erlangen.

Als Namen der Geliebten sie zu lallen
In einem Bild sie beide zu erblicken,
In einem Wesen beide zu umfangen.

Der Malerin Louise Seidler verdanken wir eine aus-
führliche Charakteristik Minchens: „Minna war die
lieblichste aller jungfräulichsten Rosen, mit kindlichen
Zügen, mit großen dunklen Augen, die mehr sanft und
freundlich als feurig, jeden herzig unschuldsvoll an-
blickten und bezaubern mussten. Die Flechten raben-
schwarz, das anmutige Gesicht vom warmen Hauche
eines frischen Colorits belebt, die Gestalt schlank und
biegsam, vom schönsten Ebenmaß, edel und graziös in
allen ihren Bewegungen, so steht Minna Herzlieb noch
heute vor meinem Gedächtnis. Ihr Anzug war stets
einfach, aber geschmackvoll. Sie liebte schlichte weiße
Kleider. In einem solchen habe ich sie lebensgroß in
Öl gemalt. Gewöhnlich trug sie auch beim Ausgehen
keinen Hut, sondern nur ein kleines Knüpftüchelchen,
unter dem Kinn zusammen gebunden."
Äußere Anmut, schlichte weiße Kleidung, all dies machte Minchen attraktiv, das jedoch trotz aller scheinbaren

Universitätsstadt Jena, von Norden; Stahlstich von Heß um 1800

Goethe, der „liebe alte Herr";
kolorierter Stich von Johann Müller

Munterkeit von verschlossenem Wesen war. Die wunderschön zur Jungfrau gereifte Minna wurde im Frommannschen Kreis bald der Gegenstand vielfacher Huldigungen. Bei aller Aufmerksamkeit jedoch, die man ihr erwies, blieb ihr Auftreten anspruchslos, bescheiden, natürlich, heiter, oft neckisch. Alles Hervortreten war ihr zuwider, ihr Auftreten war darauf gerichtet, wie sie sich durch Schönes, das in ihren Gesichtskreis trat, weiter fortbilden könne. Bei aller Unbefangenheit, mit der sie sich anderen mitteilte, verschloss sie dennoch ihr tiefstes Inneres. Ganz in dasselbe hineinzublicken gelang nur selten jemanden.

Christiane Selig, ihre intimste Freundin, und die Zeit-
genossin Louise Seidlers, bestätigten den Eindruck,
Minchen habe zu Goethe zwar ehrfurchtsvoll aufge-
blickt, aber keine leidenschaftliche Liebe zu ihm verspürt: „Für Goethe, den älteren Mann, den berühmten Dichter, der sie der freundlichsten und zartesten
Aufmerksamkeiten widmete, empfand sie eine tiefe
Verehrung, allein daß diese sich zur Leidenschaft
gesteigert habe, wie einige nach dem Erscheinen der
Sonette mutmaßen wollten, wurde von allen, die Minchen näher kannten, entschieden in Abrede gestellt.
Sie nannte Goethe ihr ganzes Leben lang nur den ‚lieben alten Herrn'!"
Wie Goethes Schwester Cornelia scheute sich auch
Minchen vor der Hochzeit. Als sie es dann endlich
doch versuchte, verlobte sie sich mit einem braven
Professor aus Berlin, weigerte sich dann aber zum
Entsetzen aller, ihn zu heiraten.
In Briefen an Mitglieder ihrer Pflegefamilie Frommann schilderte sie ihre Zufriedenheit, in dieser Familie leben zu dürfen, statt in einer Ehegemeinschaft.
Sie entschloss sich 1821 dann doch zur Vernunftheirat
mit dem ungeliebten Oberappellationsgerichtsrat und
Professor Karl Wilhelm Walch in Jena. Das endete
jedoch ganz unglücklich wegen ihres Widerwillens
gegen jegliche geschlechtliche Vereinigung. Immer
wieder entzog sich die junge Frau ihrem ungeliebten
Ehemann, versank zunehmend in geistiger Umnachtung und starb 76-jährig 1865 in der psychiatrischen
Heilanstalt in Görlitz. Und wie bei seiner Schwester,
war auch hier Goethe der Meinung, sie wäre besser
Äbtissin eines Klosters geworden.

Bettina Brentano, Berlin, Weimar, 1807 – 1811

*Bettina Brentano
auf einem anonymen Medaillon;
Aquarell auf Elfenbein*

Mit einem Paukenschlag beendete die Familie von Goethe 1811 ihr Verhältnis zu der deutschen Schriftstellerin und bedeutenden Vertreterin der deutschen Romantik Elisabeth Catharina Ludovica Magdalena (genannt Bettina) Brentano, die im gleichen Jahr den deutschen Dichter Achim von Arnim ehelichte.

In einer vom Goethe-Vertrauten, dem Schweizer Maler und Kunsthistoriker Johann Heinrich Meyer organisierten Gemäldeausstellung hatte sich Bettina Brentano abfällig über die Werke von „Kunschtmeyer" geäußert. Nach einer verbalen Auseinandersetzung riss ihr Christiane von Goethe wütend die Brille von der Nase und zertrampelte sie, Bettina nannte sie dafür eine wahnsinnig gewordene Blutwurst. Ein gesellschaftlicher Skandal in der Residenzstadt Weimar. Goethe verbot Bettina Brentano und ihrem Gatten Achim von Arnim fortan sein Haus.

Die bildhübsche Maximiliane von LaRoche musste 1774 auf dringenden Wunsch ihrer Eltern den zwanzig

Jahre älteren, verwitweten Frankfurter Großkaufmann Peter Anton Brentano heiraten. Der besaß aus seiner ersten Ehe bereits sechs Kinder und zeugte insgesamt in drei Ehen zwanzig Kinder. Das ist doch wert, einmal gewürdigt zu werden.

Bettina Brentano wurde 1785 als siebtes von zwölf Kindern aus der zweiten Ehe Peter Anton Brentanos und seiner Ehefrau Maximiliane von LaRoche in Frankfurt a. M. geboren. Maximiliane von LaRoche, in der Familie nur Maxe genannt, war ein zierliches Mädchen mit einem großen Verstand, deren schwarze Augen sich Goethe so tief einprägten, dass er Werthers „Lotte" später mit ihnen ausstattete und nicht mit den blauen der Lotte Buff. Wir hatten Maxe schon kennen gelernt, als sich Goethe von Charlotte Buff in Wetzlar verabschiedete. Können Sie sich erinnern?

Maxes Lebensglück wurde bürgerlichem Arrangement geopfert. Die nicht eben begüterten Eltern wollten die Tochter versorgt wissen. Und der aus Italien stammende Brentano sah diese Ehe als Eintrittskarte in die gesellschaftliche Oberklasse Frankfurts an. Die Familie Brentano war sehr vermögend. Sie besaß das später von Bettinas Brüdern geleitete „Haus zum goldenen Kopf" in Offenbach, die Zentrale einer blühenden Ex- und Importfirma, von der Bettina ein beträchtliches Erbe zufiel.

Goethe schwächte in „Dichtung und Wahrheit" seine starke Neigung zu Maximiliane ab, deutete sie sogar in ein „geschwisterliches Verhältnis" um, was den Tatsachen wohl nicht ganz entsprochen haben kann. Weshalb sonst war Peter Anton Brentano rasend eifersüchtig auf Goethe, verbot ihm auch sein Haus. Erst nach der Geburt einiger Kinder war ein normaler

Umgang wieder möglich. Goethes Abreise aus Frankfurt brach den direkten Kontakt ohnehin ab. Von da an war er durch seine Mutter bestens über das Leben im Hause Brentano informiert, so über die Eitelkeiten des zum Kaiserlich Trierschen Rat ernannten Hausherren, über den Neubau seines Handelshofes „Zum goldenen Kopf" und die wachsende Kinderschar.

Maximiliane Brentano starb 1793 nach einem geistig unausgefüllten Leben bereits mit 36 Jahren. Den letzten drei ihrer insgesamt zwölf Kinder konnte sie keine Lebenskraft mehr mitgeben, sie selbst erlosch vor Entkräftung, ohne ersichtlich krank zu sein. Nach dem Tod der Mutter wurde Bettina bis zu ihrem 13. Lebensjahr in der Ursulinenschule in Fritzlar erzogen. 1797 starb Bettinas Vater und so lebte sie bei ihrer Großmutter Sophie von LaRoche in Offenbach später in Frankfurt am Main. Sophie war in ihrer Jugend die Braut Wielands, nur der Vollständigkeit halber gesagt.

Bettina Brentano heiratete 1811 Achim von Arnim; Bleistiftzeichnung von W. Hensel, 1853

Goethe übertrug seine Zuneigung nach dem Tod der Mutter auf die Kinder Maximilianes, vor allem auf Bettina, die später aber eine zwielichtige Rolle in seinem Leben einnahm. Dieses siebte Kind Maximilianes empfand eine schwärmerische Zuneigung für den Dichter, die ihre Basis vielleicht in dem Fund von Goethebriefen an ihre Mutter auf dem Hausboden der Oma Sophie mit den Beweisen großer Zuneigung, vielleicht sogar Liebe fanden. So suchte sie nach 1806 die Freundschaft von Goethes Mutter. Täglich saß sie mindestens zwei Stunden auf einem Bänkchen zu Füßen der alten Dame und erfragte viele Details aus der Kindheit und Jugend vom „Hätschelhans". Das Erkundete teilte sie Goethe mit, der es später für seine Autobiografie nutzte.

Goethe; Öl auf Leinwand von F. G. von Kügelgen, 1810

Zeitgenossen schilderten dabei die Größe ihres Busens und die ihrer Neugier genau in dieser Reihenfolge.

Ihre Sucht, etwas über Goethe zu erfahren, war häufig überspannt, stets exzentrisch und bis ins hohe Alter wie die Liebe eines Backfisches anmutend.

Bettinas Wunsch erfüllte sich 1807, Goethe selbst in Weimar zu treffen. Goethes Mutter schrieb spürbar erleichtert an ihre Schwiegertochter Christiane: „Da hat denn doch die kleine Brentano ihren Willen gehabt und Goethe gesehen. Ich glaube, im entgegengesetzten Fall wäre sie toll geworden. Denn so etwas ist mir noch nicht vorgekommen: Sie wollte sogar als Knabe sich verkleiden und zu Fuß nach Weimar laufen. Vorigen Winter hatte ich oft eine rechte Angst um das Mädchen."

Nach eigenem Bekunden interessierte Bettina alles, was mit der Person Goethes zusammenhing. Unter diesem Gesichtswinkel haben wir wahrscheinlich auch die rege Korrespondenz mit dem Hause Goethe einzuschätzen. Und immer dann, wenn Goethes Frau Christiane ins Bild kommt, kann man ein wenig Neid vonseiten Bettinas nicht wegschminken, sei der Text auch noch so liebevoll. So Weihnachten 1810: „Grüß die Frau von Goethe nur recht herzlich von mir, es ist ihr doch niemand so von Herzen gut wie ich, sie soll es mir auch sein." Und im Januar 1808 von Christiane an Bettina: „Meine liebe Freundin, empfangen Sie meinen Dank für die schönen Geschenke, welche ich von ihnen erhalten habe. Es hat mich außerordentlich gefreut, weil ich daraus ersah, daß Sie wirklich noch meiner gedenken."

Bettina wurde leidenschaftlich von allen Zeitfragen bewegt, erregte aber durch Übersteigerungen oft Anstoß. In Briefdichtungen verklärte sie zeitgenössische Dichtergestalten, indem sie die Briefwechsel mit ihnen in zum Teil sehr stark bearbeiteter Form herausgab. Diese Briefbücher, die nach den Grundsätzen der romantischen Poetik komponiert waren, wurden von den Lesern oft für authentische Dokumente gehalten, was zu Fälschungsvorwürfen gegen Bettina Brentano führte. Insbesondere das drei Jahre nach Goethes Tod, also 1835, erschienene schwärmerische Buch „Goethes Briefwechsel mit einem Kinde" wurde ein Verkaufserfolg und beeinflusste das Goethe-Bild der Folgezeit stark, besonders unter den Romantikern. Aber die dort enthaltenen Angaben werden mittlerweile von vielen Goethe-Forschern ad absurdum geführt.

Bettina Brentano erfuhr und erfährt noch immer eine sehr unterschiedliche Beurteilung. Zeitgenossen beschrieben sie als grillenhaftes, unbehandelbares Geschöpf, als koboldhaftes Wesen. Man sieht sie aber auch als emanzipierte, vielbegabte und neugierige Frau, die sich erfolgreich für persönliche Unabhängigkeit und geistige Freiheit einsetzte, sowohl für sich wie auch für andere Menschen.

Ihre unkonventionelle Exaltiertheit reizte aber auch Goethes Geduld. Ihren Entwurf für ein Goethe-Denkmal fand er peinlich. Zum absoluten Bruch der Verbindung führte ihr Verhalten in der bereits eingangs geschilderten Meyerschen Gemäldeausstellung. Als Goethe Arnims ein Jahr danach in Bad Teplitz traf, nahm er von ihnen keinerlei Notiz und schrieb seiner Frau: „Ich bin sehr froh, daß ich die Tollhäusler los bin!" Wiederholte Briefe, in denen Bettina ihn verzweifelt um erneute Kontaktaufnahme bat, ließ er unbeantwortet.

Ihr Gatte Achim von Arnim war mit ihrem Bruder Clemens Brentano Herausgeber „Des Knaben Wunderhorn". Die Ehe dauerte 20 Jahre bis zum plötzlichen Tod Achims 1831 und schenkte sieben Kindern das Leben, obwohl das Ehepaar meist getrennt lebte, sie in Berlin und er auf seinem Gut Wiepersdorf in der Mark. Bettina von Arnim erreichte ihre Größe erst im Alter durch außerordentliches soziales und demokratisches Engagement. Sie setzte sich für die „Göttinger Sieben" ein und für verhaftete 1848-Revolutionäre. Während der

Berliner Typhus-Epidemie pflegte sie Kranke und widmete ihren Bericht über die Missstände 1843 schon mit dem Titel dem Verantwortlichen in Preußen: „Dies Buch gehört dem König!"

Nach seinem Eintreten für die Menschen in den Berliner Elendsquartieren im gleichen Jahr nahm sie mit dem preußischen König Friedrich Wilhelm IV. persönlichen und schriftlichen Kontakt auf. In der Ernüchterung, die der gescheiterten bürgerlichen Revolution von 1848 folgte, verfasste sie 1852 ein neues Buch mit dem Titel „Gespräche mit Dämonen", in dem sie für die Abschaffung der Todesstrafe und die politische Gleichstellung von Frauen und Juden eintrat.

Das Buch wurde bereits vor seinem Erscheinen von der preußischen Zensur verboten, da man Bettina von Arnim verdächtigte, den Weberaufstand mit angezettelt zu haben. Den Ideen der Frühsozialisten stand sie nahe, traf sich gar 1842 mit Karl Marx.

Doch hielt sie an der Idee eines Volkskönigs

Bettina von Arnim
geb. Catharina Elisabeth Ludovica
Magdalena Brentano

fest. An der Vorstellung, dass der König erster Bürger einer Gemeinschaft von Bürgern wäre und mit ihnen gemeinsam den Staat erschaffe, in dem sie leben wollten, hielt sie ein Leben lang fest. 1854 erlitt sie einen Schlaganfall, von dem sie sich nur sehr langsam erholte. Im Januar 1859 starb sie im Kreise ihrer Familie, neben sich das von ihr gefertigte Goethe-Monument. Sie wurde mit ihrem Mann neben der Kirche von Wiepersdorf beigesetzt.

Aus Anlass ihres 200. Geburtstages wurde 1985 in Berlin die Bettina-von-Arnim-Gesellschaft gegründet. Sie hat das Ziel, Leben und Werk der Autorin einer breiteren Öffentlichkeit bekannt zu machen.

Die Deutsche Bundespost Berlin legte aus Anlass ihres 200. Geburtstages eine Sonderbriefmarke im Nennwert von fünfzig Pfennig auf.

Im Bild wird Bettina dargestellt, ein Buch an ihren Busen drückend, nach einer Radierung von Ludwig Emil Grimm. Ebenfalls war sie ab 1992 auf dem 5-DM-Schein der letzten DM-Banknotenserie abgebildet.

Motiv auf einer Briefmarke der Deutschen Bundespost 1985

Marianne von Willemer, Frankfurt a. M., 1814/1815

*Marianne Jung;
Aquarell um 1809*

Ein alter Freund aus Frankfurt a. M., der Bankier und zweifache Witwer Johann Jakob von Willemer, besuchte im August 1814 Goethe während dessen Kuraufenthaltes in Wiesbaden.

Er war Senator der Stadt Frankfurt und Finanzagent der preußischen Regierung, wofür er geadelt wurde und die Titel „Geheimrat" und „Königlich-preußischer Hofbanquier" erhalten hatte. Er war Goethe erstmals als 17-jähriger Banklehrling begegnet und hatte ihn vier Jahre später mit seiner ersten Ehefrau Melina erneut besucht. Er war ein literarisch sehr interessierter Mann, der jedoch mit seinen eigenen schriftstellerischen Werken keine Anerkennung gefunden hatte. Er sah in Goethe sein Idol und hielt ständig Kontakt zu ihm. Er wirkte auch als Gönner des Frankfurter Theaters und war soeben in dessen Oberdirektion gewählt worden.

Als Willemer erfuhr, dass Goethe im Sommer 1814 erstmals nach 17 Jahren wieder an den Main gereist war, um in Wiesbaden eine Kur anzutreten, nutzte er die Gelegenheit, ihn dort am 4. August zu besuchen. Goethe hatte sich am Main rar gemacht. Nicht einmal zum Begräbnis seiner Mutter 1808 war er in die von Franzosen besetzte Heimatstadt Frankfurt a. M. gekommen.

Goethes Tagebuch vermeldete das Treffen wie immer sehr nüchtern: „4. August 1814 Wiesbaden; Geh. Rat Willemer, Dlle. Jung". Kein Wort von der Überraschung, die mit dieser Begegnung im Hotel „Zum Bären" verbunden war. Der Geheimrat Willemer war keine Überraschung, der hatte sich vorher angekündigt. Dass er sich aber von Marianne Jung begleiten ließ, der Pflegetochter, mit der er seit 1800 zusammenlebte und von der man munkelte, sie wäre seine Geliebte, das war doch überraschend. Sie war viel jünger als er.

Goethe, ein schöner Greis mit einem weißen Kranz sorgfältig gelockter Haare um das braune, volle Gesicht mit den dunklen, orientalischen Augen, genoss die neue Bekanntschaft. Dass er entzückt war, spürten alle an seiner Liebenswürdigkeit. Er war 65, aber er fühlte sich noch nicht so alt.

Marianne, noch keine 30 Jahre, war eine nicht sehr große, leicht füllige und krausköpfige junge Frau, hübsch, anmutig, aufmerksam und wortgewandt. Goethe entging natürlich nicht, mit welchem Ernst und welcher Andacht sie an seinen Lippen hing. Ein paar Tage später sah man sich wieder und Willemers „kleine Gefährtin" sagte, tief beeindruckt von seiner Erscheinung, er wäre ihr vorgekommen wie Sonne und Mond.

Goethes wachsende Gefühle für Marianne konnte man aus den Briefen ablesen, die er an seine Freunde in Weimar schrieb. Da war zunächst von einer „Demoiselle

Jung", im nächsten Brief von „Willemers kleinen Gefährtin", dann von „Marianne" und schließlich von der
„Suleika" die Rede. Den Geheimrat fragte man eines
Tages, warum er sich eigentlich als bejahrter Mann um
junge Frauenzimmer bemühe? Seine Antwort: „Es ist
doch das einzige Mittel, sich selbst zu verjüngen, und
das möchte doch jedermann!"

Damals war von dieser Frau fast alles höchst unsicher,
ihre Herkunft, ihr Geburtsdatum, ja selbst ihr Name.
Heute gilt als sicher, dass sie 1784 als uneheliche Tochter der mittellosen österreichischen Schauspielerin Elisabeth Pirngruber geboren wurde, die 1788 den Theater-
leiter Georg Jung in St. Pölten ehelichte. Die vierjährige
Marianne erhielt an diesem Tag den Familiennamen Jung
nach ihrem Stiefvater. Um sich ihren Lebensunterhalt zu
verdienen, zog ihre Mutter nach Wien, wo sie auf Vor-
stadtbühnen auftrat, während sich ihre Geschwister um
die kleine Marianne kümmerten. Die erhielt Privatun-
terricht von einem Pfarrer und entwickelte sich zu einem
lebhaften und lernbegierigen Kind. Sie erhielt bereits in
sehr jungen Jahren Schauspiel- und Ballettunterricht und
stand schon als Achtjährige auf der Bühne.

Nachdem ihr Stiefvater 1796 in Pressburg verstorben war
und ihre Mutter in Wien keine Engagements mehr bekam, floh die kleine Familie 1798 nach Frankfurt a. M.,
wo die Mutter wenigstens eine Stelle als Theaterdiene-
rin erhielt. Tochter Marianne dagegen stand im Dezember 1798 erstmalig als Künstlerin auf einem Frankfurter
Theaterzettel. Als 14-jährige Schauspielerin und Tänzerin präsentierte man sie als Demoiselle Jung. Sie spielte
öffentlichwirksame Rollen in Opern, Singspielen und
Ballettaufführungen. Willemer lernte sie am Theater

kennen und kaufte der Mutter die nunmehr 16-jährige einfach für 2 000 Gulden und eine kleine Rente ab. Dafür gab er das Versprechen, für Mariannes Erziehung und eine musische Ausbildung zu sorgen. Er nahm sie als Pflegetochter und Gesellschafterin für seine vier Töchter in seinen Haushalt auf.

Marianne von Willemer;
Pastell von J. J. D. Lose 1809

Johann Jakob von Willemer;
Miniatur von J. N. Peroux 1793

Im April 1800 stand Marianne zum letzten Mal auf der Bühne. Ein etwas unklares familiäres Verhältnis begann. Willemer kümmerte sich herzlich wenig um die Meinung der Frankfurter Gesellschaft, zu der er ohnehin vielfach in Opposition stand. Er engagierte einen Hauslehrer, Marianne lernte Französisch, Italienisch, Latein. Sie bekam Gitarren- und Zeichenunterricht, Gesangstunden. Gelegentlich wirkte sie in einem Konzert mit, sonst sah man sie selten in der Öffentlichkeit. Für eine weitere schauspielerische Karriere unternahm

Willemer dagegen nichts, auf die Bühne sollte sie nicht wieder zurückkehren. Lange warb Willemer vergeblich um das junge Mädchen, machte mit ihr sogar eine Bildungsreise nach Italien. Immer wieder entzog sie sich seinen Werbungen, blieb aber in seinem Haus wohnen. Jetzt also besuchten sie beide Johann Wolfgang von Goethe in seinem Kurort Wiesbaden.

Dessen Verleger Johann Friedrich Cotta hatte ihm kurz vor seiner Abreise eine Sammlung persischer Lyrik zugeschickt, die er in einer deutschen Übersetzung mit dem Titel „Der Divan des Mohammed Schemseddin Hafis" herausgebracht hatte. Diese Zusammenstellung des Dichters Hafis, der 500 Jahre vor Goethe gelebt hatte, zog ihn sofort in seinen Bann. Er erwähnte das Werk in seinem Tagebuch erstmals am 7. Juni 1814, vierzehn Tage darauf verfasste er das erste Gedicht des späteren „West-östlichen Divan" – „Erschaffen und Beleben" –, und am 25. Juli 1814 dichtete er, als würde er das Kommende voraussehen:

> *„So sollst Du munterer Greis*
> *Dich nicht betrüben,*
> *Sind gleich die Haare weiß*
> *Doch wirst Du lieben."*

Willemer stellte ihm nicht nur seine Gefährtin vor, er lud ihn auch zu einem Besuch seines Landsitzes ein, der „Gerbermühle" direkt am Mainufer. Dieser Einladung folgte Goethe unmittelbar am 12. August. Anschließend notierte er in seinem Tagebuch: „Mondschein und Sonnenuntergänge; die auf Willemers Mühle [...] unendlich schön".

Die Begegnung fand zu einem Zeitpunkt statt, zu dem die fast 30-jährige Marianne mit dem 54-jährigen Willemer bereits seit 12 Jahren in „wilder Ehe" lebte. Goethe selbst kannte eine solche Konstellation aus eigener Erfahrung mit Christiane Vulpius. Es ist zwar nicht belegt, aber höchst wahrscheinlich, dass er seinem Freund Willemer zur juristischen Legitimierung der Beziehung riet, da die Hochzeit als stille Privattrauung im Hause Willemer bereits am 27. September 1814 ohne Aufgebot stattfand. Eine andere Lösung gab es wohl nicht, denn die Braut konnte keine Geburtspapiere beibringen.

Sie war zwar noch jung, dennoch eine reife Frau, erfahren in vielen Dingen des Lebens, lustig und schwermütig, von feinster Bildung, mit einem Herzen, das bisher nur Abwehr kannte. Vielleicht fand die Eheschließung auch deshalb so kurzfristig statt, weil der Hausherr ein wenig Angst hatte vor der erotischen Wirkung seines Gastes auf seine Marianne? Wir wissen es nicht, aber Goethe hatte ja als Lehre aus seinen „Wahlverwandtschaften" verkündet: „Wer nur ein Weib ansiehet ihrer zu begehren, der hat schon mit ihr die Ehe gebrochen!"

Seine Augen hatte Goethe bereits bei seinem ersten Zusammentreffen begehrlich auf „die kleine Gefährtin Willemers" geworfen. Dass er noch nicht weiter ging, hatte keineswegs moralische Gründe, die hatte er doch oft genug resolut ignoriert, ob er nun Christiane betrog oder dem Ehemann einer seiner Geliebten Hörner aufsetzte. Auch ging es ihm nicht um Entsagung, jedenfalls nicht in diesem Stadium. Er hatte einfach Angst, sich zu tief zu verwickeln, denn „die Leidenschaft bringt Leiden!" Er aber wollte nicht leiden, er wollte gestalten.

Anlässlich eines weiteren Besuches in der „Gerbermühle" am 12. Oktober notierte Goethe in seinem Tagebuch: „Abend zu Frau Geheimrätin Willemer, denn unser würdiger Freund ist nunmehr in forma verheiratet. Sie ist so freundlich und gut wie vormals. Er war nicht zu Hause."

Die Gerbermühle bei Frankfurt a. M.; Zeichnung von Sulpiz Boisserée, 1817

Am 20. Oktober 1814 reiste Goethe nach Weimar zurück. In den nächsten Monaten korrespondierte er regelmäßig mit Marianne. Er befand sich in bester Laune, auch als Frau Christiane im Januar 1815 mehrfach einen Schlaganfall erlitt, sich aber scheinbar stets rasch erholte. In einem Brief vom 10. April 1815 lud Johann Jakob von Willemer seinen Freund Goethe zu einer neuerlichen Reise in die alte Heimat ein: „Erholen Sie sich doch bald von den Beschwerden des Winters zu Weimar an den Ufern des Mains. Sie können ja die Vorkur zu Oberrad einleiten und bei uns auf der Mühle wohnen. Platz ist genug da, und meine Frau und ich würden nie eine größere Freude empfunden haben wie die, Sie als Gastfreund bei uns zu sehen. Wenn Sie der Sonne müd sind und der Arbeit, singt sie Ihnen von Ihren Liedern vor."

Am 24. Mai 1815 reiste Goethe erneut allein von Weimar in das Rhein-Main-Gebiet, wo er sich bis zum 21. Juli zumeist in Wiesbaden aufhielt. Wie immer war es sicher eine Flucht vor der Krankheit von Christiane, andererseits verfolgte er zweifellos das Ziel, seine Neigung zur Geheimrätin von Willemer weiter auszubauen. Seine Reise wollte er mit einem Besuch bei Willemers am 12. August auf deren Landsitz in der Gerbermühle beenden. Den Besuch dehnte er dann allerdings bis zum 17. September aus, davon vom 8. bis zum 15. September in Willemers Stadthaus. Neben den Willemers und Goethe war auch der junge Architekt Sulpiz Boisserée in diesen Tagen auf der Gerbermühle zu Gast. Morgens arbeitete Goethe vor allem an seinem Spätwerk, dem „West-östlichen Divan", den er im Vorjahr begonnen hatte. Mittags speiste man gemeinsam und flanierte am Nachmittag in der ländlichen Umgebung. Goethe trug am Abend seine am Tag entstandenen Verse vor und Marianne sang nicht nur seine Lieder, sondern trat auch zunehmend mit ihm in einen lyrischen Dialog. Während dieses Besuches schlug sich die Zuneigung Goethes auch erstmals in seinem „West-östlichen Divan" nieder.

In der heiteren Atmosphäre gewann nicht nur Goethes neues Werk schnell an Umfang, die deutsche Literatur verdankt ihr auch einige der schönsten Liebesgedichte, die allerschönsten wohl in dem Buch „Suleika". Marianne war Suleika, Goethe der liebende Hatem. In seinem ersten Hatem-Lied gestand er:

> Nicht Gelegenheit macht Diebe,
> Sie ist selbst der größte Dieb,
> Denn sie stahl den Rest der Liebe
> Die mir noch im Herzen blieb.

Marianne entgegnete ihm wenige Tage später, indem sie seine Worte aufnahm:

> Hochbeglückt in Deiner Liebe
> Schelt ich nicht Gelegenheit
> Ward sie auch an Dir zum Diebe
> Wie mich solch ein Raub erfreut.

Eine weitere Strophe aus dem Gedicht „Hatem" lautete:

> Du beschämst wie Morgenröte
> Jener Gipfel ernste Wand,
> Und noch einmal fühlet Hatem
> Frühlingshauch und Sommerbrand.

Doch so reimte sich das Gedicht ja gar nicht. Keine Angst, der Goethekenner wusste: wurde statt Hatem Goethe eingesetzt, dann reimte es sich wieder. Am 18. September reiste Goethe nach Heidelberg weiter und schon fünf Tage später überraschte ihn das Ehepaar

Willemer dort mit seinem Besuch. Marianne hatte dem Freund ein Gedicht mitgebracht, das als „Lied vom Ostwind" in den Divan aufgenommen wurde:

Was bedeutet die Bewegung?
Bringt der Ost mir frohe Kunde?
Seiner Schwingen frische Regung
Kühlt des Herzens tiefe Wunde.

Aus der bewundernden Neigung der kurzen Begegnungen im Jahre 1814 zueinander war im Sommer des nächsten Jahres eine beiderseits verzehrende, leidenschaftliche Liebe geworden. Marianne war Goethe nicht nur sympathisch, sie dichtete auch! Sie war die einzige Frau, deren Verse von Goethe in eines seiner Werke aufgenommen wurden, nämlich in den „Westöstlichen Divan". Sie schrieb so genau im Stil Goethes,

Johann Wolfgang von Goethe;
Ölbild von K. J. Raabe , 1814

dass lange Zeit unbekannt blieb, welche Gedichte von ihr stammten. Ein Zwiegespräch wurde es, so von Mund zu Mund, in gleichen Klängen, gleichen Worten, im gleichen Rhythmus. Es wurde ein sehr persönliches Geheimnis zwischen den beiden. Auch immer noch, nachdem die Verse 1819 im Druck erschienen. Bis lange über seinen

Tod hinaus dauerte das Spiel, und wenn es Marianne nicht selbst als alte Frau dem jungen Germanisten Herman Grimm, dem Sohn Wilhelm Grimms, bekannt gegeben hätte, so wäre es ganz verborgen geblieben. Dreißig Jahre behielt sie für sich, dass der Wechselgesang der Liebenden eine reale Geschichte beschrieb, dass sie Suleika und Goethe Hatem war. Sie offenbarte, dass Goethe Verse von ihr, mit denen sie auf sein Werben reagierte, in sein „Buch Suleika" integrierte, ohne die Herkunft aufzuklären. Kein Goethe-Forscher hätte doch gewagt, eine ganze Reihe der schönsten Gedichte Goethes einer ehemaligen kleinen Tänzerin zuzusprechen. Warum verschwieg der große Goethe den Anteil, den die damals poetisch nicht sehr bekannte Marianne von Willemer an seinem „Divan" hatte?

Herman Grimm war erstaunt über die Offenbarungen. Aber auch er schwieg dazu sehr lange. Erst 1869, nachdem selbst seine mütterliche Freundin verstorben war, veröffentlichte er in den „Preußischen Jahrbüchern" einen Aufsatz, der den bedeutenden Anteil Marianne von Willemers an Goethes Gedichtschöpfung offenbarte. Seitdem gab es ein lebhaftes, auch biografisches Interesse an dieser Frau, deren Herkunft, das Geburtsdatum, ja selbst ihr Name zu diesem Zeitpunkt noch höchst unsicher waren.

Zunächst bedeutete Marianne für Goethe die gemeinsame Arbeit an seinem „West-östlichen Divan", es bedeutete ihre Nähe und Wärme. Sie wurde zur willigen Partnerin im Liebesspiel seines Suchens nach einer erneuten Jugend. Unbedenklich ließ er sich von ihr verwöhnen, zunächst mit bequemer Kleidung, dem flanellenem Hausrock, den türkischen Pantoffelchen, dem Turban aus weichem Musselin. Immer enger wurde seine Bindung an Marianne. Für Goethe war die kurze Begegnung mit Marianne nur eine von vielen seines langen Lebens, obwohl auch sie ihn bis auf den Grund seines Wesens erschütterte. Für sie war es mehr. Im Rückblick sagte sie: „Einmal in meinem Leben war ich mir bewusst, etwas Hohes zu fühlen, etwas Liebliches und Inniges sagen zu können, aber die Zeit hat alles verwischt und zerstört."

Vier Jahre strömten ihm die Verse seines „West-östlichen Divan" noch zu und eigentlich schloss er sein Werk nie ganz ab. Er veröffentlichte es 1819 nur in vorläufiger Form und fügte immer wieder Stücke hinzu oder dichtete im gleichen Ton Divan-Gedichte. Marianne schrieb, als sie das gedruckte Werk erhielt: „Wenn Ihnen mein Wesen und mein Inneres so klar geworden ist, als ich hoffe und wünsche, ja sogar gewiss sein darf, denn mein Herz lag offen vor Ihren Blicken, so bedarf es keiner weiteren, ohnehin höchst mangelhaften Beschreibung. Sie fühlen und wissen genau, was in mir vorging [...]"

Die Zeitgenossen waren von dem Werk meist enttäuscht, betrachteten es zunächst als „frostiges Alterswerk". Die Auflage blieb zu einem großen Teil im Keller des Verlages. Erst als das Geheimnis um Marianne gelüftet war, begann man einen „Marianne-Kult" zu betreiben, der sich an den Kult der anderen Goethe-Lieben anschloss. Erst damit stieg der Umsatz.

Wichtig, aber sehr hart als unmittelbarer Ausklang der Tage mit Marianne, war Goethes Credo im Tagebuch über die verschiedenen Lieben: „Die Verhältnisse mit Frauen allein können doch das Leben nicht ausfüllen und führen zu gar vielen Verwicklungen, Qualen und

Leiden, die uns aufreiben, oder zur vollkommenen Leere." Und noch einmal erinnerte er an seine Venezianischen Epigramme: „Abends sind sie immer Huren, Jungfrauen mit des Morgens Scheine!"
Heidelberg mit dem Neckar, der Alten Brücke und dem alten, verfallenem Schloss mit seinen großen Halbruinen beeindruckten Goethe sehr, vor allem in der Dämmerung am späten Abend und im Dunkel der Nacht. Mehrmals war er 1814 und 1815 mit Marianne von Willemer dort oben gewesen. Ein Gedicht im Buch Suleika in den Liedern des „West-östlichen Divan" widmete der Dichterfürst der um 35 Jahre jüngeren Marianne von Willemer. Damit verarbeitete er eine ihn tief bewegende Begegnung mit dieser anmutigen, geistreichen und dichterisch hochbegabten Dame vom 23. bis 26. September 1815 in Heidelberg. In jenen Tagen führte sie Johann Wolfgang von Goethe zu einem unbeschreiblichen poetischen Höhenflug. Das Gedicht trägt die Überschrift „Ginkgo biloba":

> *Dieses Baumes Blatt, der von Osten*
> *Meinem Garten anvertraut,*
> *Gibt geheimen Sinn zu kosten,*
> *Wie's den Wissenden erbaut.*
> *Ist es Ein lebendig Wesen,*
> *Das sich in sich selbst getrennt,*
> *Sind es Zwei, die sich erlesen,*
> *Daß man sie als Eines kennt?*
> *Solche Frage zu erwidern,*
> *Fand ich wohl den rechten Sinn;*
> *Fühlst Du nicht an meinen Liedern,*
> *Daß ich Eins und Doppelt bin?*

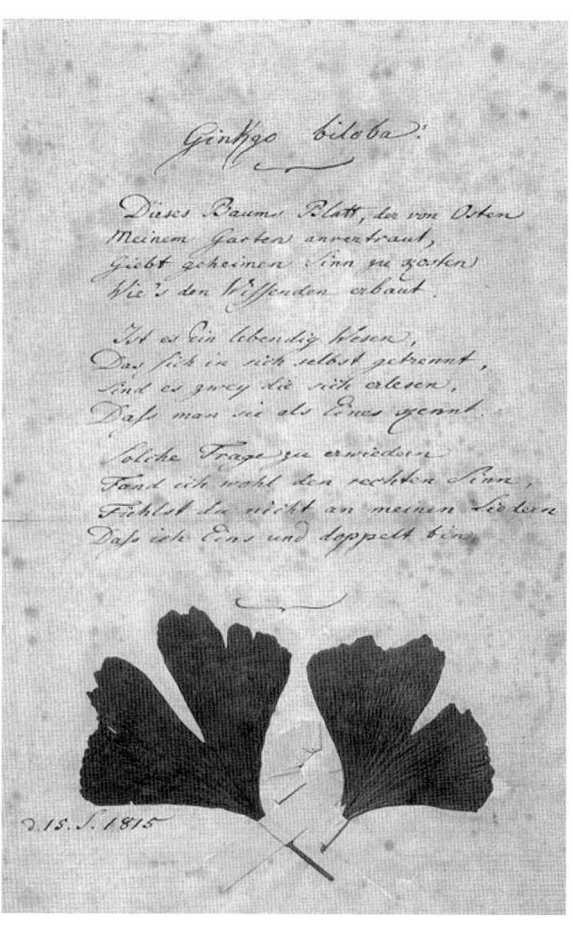

Originalblatt von Goethe: „Gingko biloba" mit
aufgeklebten Gingkoblättern, 1815

Es ist verbürgt, dass Goethe Frau von Willemer am Vollmondabend des 26. September 1815 in der glücklichen Laune des Verliebten und gleichzeitig in der wehmütigen Stimmung der endgültigen Trennung ein Blatt vom Ginkgo-Baum vor der Heidelberger Schlossruine brach.

Der aus Asien stammende Baum heißt im Chinesischen Ginkyo, wobei „Gin" mit Silber übersetzt wird, „kyo" mit Aprikose. Die Botaniker verstümmelten „kyo" zu „kgo" und fügten dem Namen noch „biloba" hinzu. Tatsächlich hat die Ginkgo-Frucht von außen Ähnlichkeit mit einer Aprikose. Wäscht man die fleischige Hülle ab, so kommt die zweite, harte und weiße Samenschale zum Vorschein. Daher der Name „weiße – oder silberne – Aprikose", eben „Ginkgo".

Goethe-Liebhaber diskutieren jedoch weniger um die Frucht als vielmehr um die merkwürdige Blattgestalt. Der Kunstsammler und Schriftsteller Johann Sulpis Boisserée erinnerte daran, dass der Dichterfürst darin ein Liebessymbol erblickte: „Man weiß nicht, ob es eines ist, das sich in zwei Teile spaltet, oder zwei, die sich in eines verbinden."

Die Jenaer Legende behauptet immer wieder, dass Goethe die Anregung zu seinem Gedicht „Ginkgo biloba" vom Ginkgo-Baum vor dem 1825 errichteten Inspektorgebäude im Jenaer Botanischen Garten empfangen hätte, den er selbst gepflanzt haben sollte.

Das aber ist keineswegs verbürgt, so wenig wie die Behauptung, er wäre wenigstens beim Pflanzen dabei gewesen.

Ich denke, dass Goethe die Anregung zu seinem Gedicht „Ginkgo biloba" von den Liebesabenden an der

Ruine des Heidelberger Schlosses nahm. Und vielleicht verwirklichte er beim Pflanzen eines solchen Baumes im Jenaer Botanischen Garten eine schöne Erinnerung

Heidelberg mit Neckar, Alter Brücke und Schlossruine

an diese wunderschönen Abende im fernen Heidelberg. Die Heidelberger Bürger haben ihm im Schlosspark eine Büste gestiftet, auf deren Sockel ein Satz von Marianne steht: „Auf der Terrasse hochgewölbten Bogen war eine Zeit sein Kommen und sein Gehen [...]"
Ganz in der Nähe findet man die steinerne Goethebank mit einer Zeile aus dem „West-östlichen Divan", an dessen Buch „Suleika" der Lyriker Goethe damals arbeitete. Bei einem Spaziergang, während der engen Umarmung in einer Vollmondnacht auf dem Heidelberger Schloss, versprachen sich beide, während jeder zukünftigen Vollmondnacht aneinander zu denken.
Nach dem 27. September 1815 sah Goethe Marianne von Willemer nie wieder. Doch sie standen bis zu

seinem Tod im Briefwechsel. Auch Geschenke gingen hin und her. Er sandte ihr Myrte und Lorbeer mit Versen, im Gedenken an eng umschlungene Stunden und „zum Symbol eines wie Hatem und Suleika in Liebe und Dichtung wetteifernden Paares". Sie empfand das als „Herzstärkung". Ihr Herz brauchte viel Stärkung, sie war oft krank.

Aber Goethe hielt offensichtlich sein Versprechen, in jeder Vollmondnacht an Marianne zu denken. Noch 1828 schrieb er in Dornburg in dem Gedicht „Dem aufgehenden Vollmonde":

> *Doch Du fühlst, wie ich betrübt bin,*
> *Blickt Dein Rand herauf als Stern!*
> *Zeugest mir, daß ich geliebt bin,*
> *Sei das Liebchen noch so fern!*

Das Gedicht schickte er an Marianne. Sie war gerührt. Marianne von Willemer war Goethes Vorbild der „Suleika". Zudem ließ er drei ihrer Gedichte in sein Werk einfließen:

„Hochbeglückt in Deiner Liebe ..." (Titel im Buch „Suleika")

„Was bedeutet die Bewegung ..." („Ostwind")

„Ach, um Deine feuchten Schwingen" („Westwind")

Aus dem Briefwechsel, der bis zu Goethes Tod andauern sollte, nahm er noch folgende Verse Mariannes in den „Divan" auf:

> *Süßes Dichten, lautre Wahrheit*
> *Fesselt mich in Sympathie!*
> *Rein verkörpert Liebesklarheit*
> *Im Gewand der Poesie.*

Kurz vor seinem Tod sichtete Goethe endgültig die „grenzenlosen Papiere", die sich um ihn versammelt hatten. Er sonderte die ihren ab, versiegelte sie und schickte sie ihr zurück. Er verband damit die Bitte, sie ungeöffnet zu lassen, bis zu jener Stunde ...

„Dergleichen Blätter geben uns das frohe Gefühl, daß wir gelebt haben ..." „Wir aber wollen nach der Mühle wandern", heißt es im „Faust" beim Osterspaziergang. Die Goethe-Forscher sind sich fast einig: Goethe hat die Gerbermühle gemeint. Und so pilgern heute viele Goethefreunde nach einem Besuch des Goethehauses auf dem „Goetheweg" über die Alte Brücke am Main entlang zur Gerbermühle, die von Frühjahr bis Herbst ein beliebtes Ausflugslokal ist. Da kann man im großen Garten Frankfurter Spezialitäten genießen und ein wenig an Marianne und Wolfgang denken.

Marianne von Willemer

Mehr Erinnerung an die beiden findet man im Willemer-Häuschen, dem alten Gartenhaus der Familie von Willemer auf dem Mühlberg in Sachsenhausen, wo Goethe am 18. Oktober 1814 mit den Willemers den Jahrestag der Völkerschlacht von Leipzig gefeiert und die ringsum auf den Höhen entzündeten Freudenfeuer beobachtet hatte. Genau 150 Jahre danach wurde das Gartenhaus den Freunden

Goethes wieder zugänglich gemacht. Marianne von Willemer war die außergewöhnlichste Frau in Goethes Leben, eine Liebende, die zur Dichterin reifte, die ihm sogar auf gleicher Höhe begegnete, seine Hatem-Verse mit ebenbürtigen Strophen beantwortete. Sie war klug und vielseitig talentiert, und sie blühte in diesen Sommer- und Herbstwochen 1815 regelrecht auf:

„Meine Ruh, mein reiches Leben
Geb' ich freudig, nimm es hin!
Scherze nicht! Nichts von Verarmen!
Macht uns nicht die Liebe reich?
Halt ich Dich in meinen Armen
Jedes Glück ist meinem gleich."

Auch Goethe, fixiert auf Marianne, die persische Poesie und seinen „Divan", fand neue Lebenslust und geriet in einen Schaffensrausch, wie er ihn lange nicht erlebt hatte.

Und dann kam der Schock für Marianne, die eiskalte Dusche. Der Geliebte, der selbst den 50. Geburtstag seiner Frau Christiane ohne Gruß und Glückwunsch verstreichen ließ, machte sein Versprechen, im nächsten Jahr wiederzukommen, nicht wahr. Er war schon auf dem Weg, doch da kippte die Kutsche um. Er als Wegebaumeister des Herzogtums Sachsen-Weimar hatte in all den Jahren seiner Tätigkeit nicht viel geändert an den Straßen seines Kleinstaates. Selbst die Bauern hatten kein großes Interesse an Verbesserungen, brachte das Aufrichten eines umgestürzten Wagens doch ein kleines Zubrot in ihre armselige Wirtschaft. Und auch die Handwerker verdienten an jedem

Ersatz eines zerbrochenen Wagenteils. Doch bei dem Unfall wurde Goethes Begleiter Meyer verletzt, der Geheimrat sah das als schlechtes Omen für die Reise, er machte kehrt und schrieb seiner Marianne einen Brief, der das Unglück meldete. Und verstummte danach. Unfassbar. Er hörte nicht ihre flehenden Bitten, ignorierte ihre Verstörung, ihren Schmerz und auch die verzweifelten Briefe seines Freundes Willemer, der sehen musste, wie seine Frau allen Frohsinn verlor und in Depressionen stürzte, ein Fall für den Arzt wurde. Mag sein, dass es für Goethe keine andere Rettung gab, als auf den Besuch zu verzichten. Rätselhaft war sein Verhalten trotzdem, eine unglaubliche Brüskierung Mariannes, dieser Liebenden, die sich zu weit vorgewagt hatte, die ungeschützt ihre Gefühle preisgegeben hatte. Später wurde daraus wenigstens noch eine Geschichte dauernder Freundschaft in der Ferne und liebevoller poetischer Nähe.

Marianne kommentierte die Nachricht vom Tod Goethes mit den Worten: „Gott hat mir diese Freundschaft gegeben. Er hat sie mir wieder genommen. Ich muss Gott danken, daß sie mir so lange Zeit zuteil wurde."

Ihr Mann erlitt 1836 mit 77 Jahren einen Schlaganfall. Marianne pflegte ihn zwei Jahre bis zu seinem Tod. Sie überlebte ihn noch 22 Jahre, nachdem sie 38 Jahre an seiner Seite gelebt hatte. Die Ehe war kinderlos geblieben und nach dem Tod ihres Gatten fühlte sie sich sehr einsam. Ein Jahr nach seinem Tod schrieb sie: „Ich bin kein selbständiges Wesen, mein armer innig geliebter und heiß beweinter Kranker war aber doch meine einzige Stütze, alles in meinem Leben war auf ihn berechnet; das war mit einem Mal vorbei."

Sie bezog eine kleinere Stadtwohnung und erteilte Unterricht in Klavier und Gesang. Nur den Kontakt mit Künstlern hielt sie aufrecht und unterstützte sie. So sorgte sie dafür, dass die Kunstsammlung der Brüder Melchior und Sulpiz Boisserée für 240 000 Gulden an den Bayerischen König verkauft wurde und so den Grundstock bildete für die „Alte Pinakothek" in München. Marianne von Willemer erlag 76-jährig am 6. Dezember 1860 einem Herzschlag und wurde auf dem Frankfurter Hauptfriedhof beigesetzt.

Altersbild der Marianne von Willemer, um 1855

Ulrike von Levetzow, Marienbad 1821/1823

Ulricke von Levetzov mit 17 Jahren;
Pastell Maler unbekannt, 1821

Im Sommer 1821 reiste Johann Wolfgang von Goethe zu einem Kuraufenthalt in das mondäne böhmische Marienbad. Auf der Suche nach Ablenkung vom tristen Alltag, den Gebrechen des Alters und der Einsamkeit traf Goethe auf die 17-jährige naivkokette Ulrike von Levetzow, die mit ihrer Mutter und den beiden jüngeren Schwestern Amelie und Beate den Sommer in Marienbad verbrachte. Im fast 72 Jahre alten Geheimrat von Goethe entbrannte eine große Leidenschaft zu dem 54 Jahre jüngeren Mädchen. Die Mutter, eine geborene von Brösigkes, war ursprünglich verheiratet mit dem mecklenburg-schwerinischen Kammerherrn und späteren Hofmarschall Joachim Otto Ulrich von Levetzow. Nach der frühen Scheidung der Eltern und der Wiederverheiratung der Mutter mit einem Herrn von Klebelsberg wurde die älteste Tochter Ulrike in einem französischen Pensionat in Straßburg gebildet und erzogen.

Der indessen 74-jährige Geheimrat von Goethe sollte sich zwei Sommer später von einem Herzinfarkt wiederum zur Kur in Marienbad erholen. Mit nunmehr

19 Jahren war Ulrike gerade aus dem Pensionat in den Schoß der Familie zurückgekehrt. Levetzows hatten Goethe schon früher in Karlsbad kennen gelernt. Deshalb unterhielt sich Ulrike auch ganz unbefangen mit dem alten Herrn, und der ließ sich gern vom Elsass erzählen. Wohl dachte er dabei an seine eigene Studienzeit zurück. Vor sieben Jahren war seine Frau Christiane gestorben und fast ohne es selbst zu bemerken, rührte Ulrike an sein einsames Herz.

Wer den großen deutschen Dichter hier in Marienbad treffen wollte, der wandte sich am besten an sie, denn Goethe konnte ihr keinen Wunsch abschlagen. Seinem Sohn August in Weimar berichtete er, dass er die „niedlichste Köchin der Welt am Herd besuche, während sie das Mittagessen bereitete".

Für Ulrike sammelte Goethe Pflanzen und Blumen. Mit Schokolade versuchte er, sie für seine Gesteinssammlung zu interessieren. Noch war er für sie der liebe Onkel und väterliche Freund, mit dem sie unbeschwert lachte und spazieren ging.

Doch bei Goethe reiften bereits andere Gedanken. Ihr freundliches Verhalten ihm gegenüber ließ ihn auf eine engere Verbindung hoffen. Rasch entwickelte er eine große Leidenschaft für die 19-jährige Ulrike von Levetzow.

Nachdem ihm sein Arzt Hofrat Dr. Rehbein genügend Rüstigkeit für eine Heirat bescheinigt hatte, gewann er seinen Freund und Landesvater Carl August als Brautwerber und ließ bei der überraschten Mutter von Levetzow nachfragen, ob sie geneigt sei, ihre liebliche Tochter Ulrike Johann Wolfgang von Goethe zur Frau zu geben. Es war in seinem Leben der erste und blieb auch der einzige Heiratsantrag, den Goethe je stellte. Prompt holten sich die Weimarer einen Korb. Dabei waren die in Aussicht gestellten Bedingungen gar nicht schlecht. Seine königliche Hoheit, der Großherzog Carl August von Sachsen-Weimar-Eisenach stellte dem „jungen" Paar einen Palast gegenüber dem Weimarer Schloss in Aussicht, auch eine Rente beim Ableben Goethes.

Marienbad; Zeichnung von Goethe, 1823

Doch Ulrike gab in ihren späteren Erinnerungen an Goethe an, dass sie gar keine Lust verspürt hatte zu heiraten. Sie habe Goethe bloß „wie einen Vater geliebt". Noch im Alter schrieb sie in einer autobiografischen Skizze eine Art Gegendarstellung, um „all die falschen, oft fabelhaften Geschichten, welche darüber gedruckt wurden" zu widerlegen und ein für alle Mal in merkwürdiger Doppelnegation klarzustellen: „Keine Liebschaft war es nicht!" Aber die Rücksicht auf die Familie Goethes habe sie abgehalten, wohl auch die dann notwendige Trennung von ihrer Familie. Sie hätte Goethe vielleicht doch geheiratet, wenn sie ihm hätte „nützlich" sein können.

Die Absage traf den Geheimrat tief. Er war bisher gewohnt, was er haben wollte, auch zu bekommen. Bei solcherlei psychischen Problemen konnte die Kur natürlich kaum erfolgreich anschlagen. Goethe bereitete sofort die Rückfahrt nach Weimar vor.

Beim Abschlussgespräch fragte ihn der behandelnde Arzt, ob er sich nach der Kur wohlfühle, ob ihm auch nichts mehr fehle? Goethe bedankte sich artig für die Bemühungen um seine Person und beruhigte den Doktor: „Seien Sie versichert, mir fehlt nichts! Alle meine Übel, die ich mitgebracht habe, nehme ich auch unverändert wieder mit nach Weimar zurück!"

Ulrike war Goethes letzte große Liebe. Trotz des großen Altersunterschiedes enttäuschte ihn die Ablehnung seines Heiratsantrages zutiefst. Goethe blieb nichts als „grenzenlose Tränen". Schleunigst verließ er Böhmen und kehrte nie wieder dorthin zurück. Auch Ulrike sah er nicht wieder, wenn er sie auch lange in seiner Erinnerung behielt.

Die Nachwelt verdankt seinem Schmerz um diese letzte Liebe eines der wunderbarsten Gedichte in deutscher Sprache, die auf der Heimfahrt von Marienbad nach Weimar entstandene, entsagende Marienbader Elegie. Er notierte die Verse von Station zu Station, übertrug sie dann von der Schreibtafel im Wagen auf neun Bogen Papier. Als er in Weimar ankam, war das Gedicht fertig. Er zitiert sich selbst zu Beginn mit den Tasso-Worten:

„Und wenn der Mensch in seiner Qual verstummt,
Gab mir ein Gott zu sagen, was ich leide."

Laut Goethe ist die Marienbader Elegie, das Produkt eines höchst leidenschaftlichen Zustandes. Die Ablehnung seines Heiratsantrages, dieses leidvolle Erlebnis, ist zugleich die letzte Erfahrung mit der Liebe in Goethes Leben und besiegelt seinen Abschied von der Liebe ganz allgemein. Das Schwinden der Liebesfähigkeit des Menschen, der Goethe einen religiösen Rang zuerkennt, ist gleichzusetzen mit dem Tod. Die Marienbader Bürger halten das Andenken an Johann Wolfgang von Goethe sehr hoch. Er und Ulrike von Levetzow sind in Bronze wichtiger Bestandteil ihrer Werbung für das böhmische Bad.

Denkmal Goethes, seit 1993 vor dem
Marienbader Stadtmuseum

Seit 1993 steht vor dem Marienbader Stadtmuseum ein Goethedenkmal, das den Geheimrat nachdenklich, mit übergeschlagenem Bein auf einem Sessel sitzend, zeigt. Ein weiteres Denkmal findet man in der Nähe der Waldquelle. Dort stehen Goethe und Ulrike nebeneinander. Goethe hält ein Schreiben in der Hand, aus dem er Ulrike vorlesen will. Die aber macht ein gelangweiltes Gesicht. An die beiden erinnert ebenfalls eine Bronzetafel in der Kurkolonnade. Darauf ist auch Ulrikes Mutter mit abgebildet. Sie schaut Goethe und ihre Tochter an. Fast kann man es sehen, dass sie diese Beziehung nicht billigt. Wie so manche von Goethes Freundinnen hat auch Ulrike nie geheiratet. Weder damals an der Seite Goethes noch später zeigte sie Interesse an der Männerwelt.

Sie lebte einsam als Ehrenstiftsdame „Zum Heiligen Grab" bis 1899 auf dem Gut Triblitz ihres Stiefvaters Klebelsberg bei Leitmeritz in Nordböhmen und wurde 95 Jahre alt.

Das Gerücht von seiner sonderbaren Liebe traf lange vor dem Geheimrat in Weimar ein. Die Stadt witzelte und lachte. Sein Sohn und dessen Frau Ottilie lachten nicht, sie drohten gar, Weimar zu verlassen, wenn die Heirat des Vaters mit Ulrike zustande käme. Sohn August sah sein Erbe gefährdet. Dem Familienkrach aus dem Weg gehend, flüchtete Goethe wie üblich in eine Krankheit. Sein alter Freund Zelter in Berlin wurde informiert, er eilte sofort mit der Extrapost herbei. Er war einer der wenigen Menschen, von denen sich Goethe alles sagen ließ.

Natürlich zeigte er Zelter auch seine Marienbader Elegie. Der las sie ihm mehrfach vor. Der schwächelnde

Geheimrat lobte ihn: „Du liest sehr gut, alter Herr!"
Zelter schrieb später: „Der alte Narr wusste nicht, daß
ich an meine eigene Liebste gedacht hatte! Ich war immerhin erst 65 Jahre alt!" Zelter ging grob mit Goethe
um, die Ärzte sorgten sich wegen des polternden Mu-
sikers. Doch Zelters Therapie wirkte. Goethe erholte
sich rasch und sein Freund reiste zufrieden nach Berlin
zurück.

Seine Familie und seine Freunde organisierten ein viel-
fältiges Programm der Zerstreuung für ihn, am Ende
war es zuviel der Abwechslung. Er erkrankte an einer
sein Leben bedrohenden Herzbeutelentzündung. Sie
zwang ihn für Wochen ins Bett. Erst Mitte Dezember
1823 konnte er wieder freier um sich blicken. Seine
Gedanken nach der Ablehnung seines Heiratsantrages
und seine Krankheit fasste Angelika Reimann in ihrem
Werk „Zwischen Pflicht und Neigung" zusammen: „Die
Krankheit war das Zeichen eines großen Abschieds.
Für ihn gibt es nun keine Hoffnung mehr auf Verjün-
gung und Lebensfülle, auf innige Teilnahme und wär-
mende Nähe. Unwiderruflich steht vor ihm das Alter.
Viel stärker als bisher wird das knappe Jahrzehnt, das
ihm noch gegeben ist, bestimmt werden von der Pflicht
seines Künstlertums, von der Arbeit am Werk."

Goethe hielt die Marienbader Elegie für ein ganz be-
sonderes Werk. Er wusste, was er hier geschaffen hatte,
war eine Art Heiligtum. Nur Auserwählte bekamen es
zu sehen und zu hören. Eckermann gehörte dazu. Er
wurde bereits im Oktober 1823 für würdig befunden,
das Manuskript kennen zu lernen. Wie er sich erinnerte, hatte Goethe „die Verse eigenhändig mit lateini-
schen Lettern auf starkes, weiches, pergamentartiges,

ungeripptes Papier geschrieben und mit einer seidenen Schnur in einer Decke von sehr feinem, genarbtem Ziegenleder" befestigt. Schon im Äußeren war zu erkennen, dass er dieses Manuskript vor allen seinen übrigen für besonders wertvoll hielt.

Er sah das Gedicht als persönlichstes Zeugnis von Goethes Leidenschaft: „Die jugendliche Glut der Liebe, gemildert durch die sittliche Höhe des Geistes, das erschien mir im Allgemeinen als des Gedichtes durchgreifender Charakter. Übrigens kam es mir vor, als seien die ausgesprochenen Gefühle stärker, als wir sie in anderen Gedichten Goethes anzutreffen gewohnt sind."

Stefan Zweig beschreibt das lyrische Dokument als das „bedeutendste intimste Gedicht seines Alters" und widmete der Entstehung und Geschichte ein volles Kapitel in seiner berühmten Sammlung literarischer Miniaturen „Sternstunden der Menschheit". Für Zweig enthalten die Verse „eine der reinsten Strophen über das Gefühl der Hingabe und Liebe, die jemals die deutsche und irgendeine Sprache geschaffen."

Später sagte Goethe über seine Elegie: „Sie sehen das Produkt eines höchst leidenschaftlichen Zustandes. Als ich darin befangen war, hätte ich ihn um alles in der Welt nicht entbehren mögen, und jetzt möchte ich um keinen Preis wieder hineingeraten!"

Marienbader Elegie
von Johann Wolfgang von Goethe

Und wenn der Mensch in seiner Qual verstummt.
Gab mir ein Gott zu sagen, was ich leide.

Was soll ich nun vom Wiedersehen hoffen,
Von dieses Tages noch geschloßner Blüte?
Das Paradies, die Hölle steht dir offen;
Wie wankelsinnig regt sich's im Gemüte! -
Kein Zweifeln mehr! Sie tritt ans Himmelstor,
Zu ihren Armen hebt sie dich empor.

So warst du denn im Paradies empfangen,
Als wärst du wert des ewig schönen Lebens;
Dir blieb kein Wunsch, kein Hoffen, kein Verlangen,
Hier war das Ziel des innigsten Bestrebens,
Und in dem Anschaun dieses einzig Schönen
Versiegte gleich der Quell sehnsüchtiger Tränen.

Wie regte nicht der Tag die raschen Flügel,
Schien die Minuten vor sich her zu treiben!
Der Abendkuß, ein treu verbindlich Siegel:
So wird es auch der nächsten Sonne bleiben.
Die Stunden glichen sich in zartem Wandern
Wie Schwestern zwar, doch keine ganz den andern.

Der Kuß, der letzte, grausam süß, zerschneidend
Ein herrliches Geflecht verschlungner Minnen.
Nun eilt, nun stockt der Fuß, die Schwelle meidend,
Als trieb' ein Cherub flammend ihn von hinnen;
Das Auge starrt auf düstrem Pfad verdrossen,
Es blickt zurück, die Pforte steht verschlossen.

Und nun verschlossen in sich selbst, als hätte
Dies Herz sich nie geöffnet, selige Stunden
Mit jedem Stern des Himmels um die Wette
An ihrer Seite leuchtend nicht empfunden;
Und Mißmut, Reue, Vorwurf, Sorgenschwere
Belasten's nun in schwüler Atmosphäre.

Ist denn die Welt nicht übrig? Felsenwände,
Sind sie nicht mehr gekrönt von heiligen Schatten?
Die Ernte, reift sie nicht? Ein grün Gelände,
Zieht sich's nicht hin am Fluß durch Busch und Matten?
Und wölbt sich nicht das überweltlich Große,
Gestaltenreiche, bald Gestaltenlose?

Wie leicht und zierlich, klar und zart gewoben
Schwebt, seraphgleich, aus ernster Wolken Chor,
Als glich' es ihr, am blauen Äther droben
Ein schlank Gebild aus lichtem Duft empor;
So sahst du sie in frohem Tanze walten,
Die lieblichste der lieblichsten Gestalten.

Doch nur Momente darfst dich unterwinden,
Ein Luftgebild statt ihrer festzuhalten;
Ins Herz zurück! dort wirst du's besser finden,
Dort regt sie sich in wechselnden Gestalten;
Zu vielen bildet eine sich hinüber,
So tausendfach, und immer immer lieber.

Wie zum Empfang sie an den Pforten weilte
Und mich von dannauf stufenweis beglückte;
Selbst nach dem letzten Kuß mich noch ereilte,
Den letztesten mir auf die Lippen drückte:
So klar beweglich bleibt das Bild der Lieben
Mit Flammenschrift ins treue Herz geschrieben.

Ins Herz, das fest wie zinnenhohe Mauer
Sich ihr bewahrt und sie in sich bewahret,
Für sie sich freut an seiner eignen Dauer,
Nur weiß von sich, wenn sie sich offenbaret,
Sich freier fühlt in so geliebten Schranken
Und nur noch schlägt, für alles ihr zu danken.

War Fähigkeit zu lieben, war Bedürfen
Von Gegenliebe weggelöscht, verschwunden,
Ist Hoffnungslust zu freudigen Entwürfen,
Entschlüssen, rascher Tat sogleich gefunden!
Wenn Liebe je den Liebenden begeistet,
Ward es an mir aufs lieblichste geleistet;

Und zwar durch sie! - Wie lag ein innres Bangen
Auf Geist und Körper, unwillkommner Schwere:
Von Schauerbildern rings der Blick umfangen
Im wüsten Raum beklommner Herzensleere;
Nun dämmert Hoffnung von bekannter Schwelle,
Sie selbst erscheint in milder Sonnenhelle.

Den Frieden Gottes, welcher euch hienieden
Mehr als Vernunft beseliget - wir lesen's -,
Vergleich ich wohl der Liebe heitern Frieden
In Gegenwart des allgeliebten Wesens;
Da ruht das Herz, und nichts vermag zu stören
Den tiefsten Sinn, den Sinn, ihr zu gehören.

In unsers Busens Reine wogt ein Streben,
Sich einem Höhern, Reinern, Unbekannten
Aus Dankbarkeit freiwillig hinzugeben,
Enträtselnd sich den ewig Ungenannten;
Wir heißen's: fromm sein! - Solcher seligen Höhe
Fühl ich mich teilhaft, wenn ich vor ihr stehe.

Vor ihrem Blick, wie vor der Sonne Walten,
Vor ihrem Atem, wie vor Frühlingslüften,
Zerschmilzt, so längst sich eisig starr gehalten,
Der Selbstsinn tief in winterlichen Grüften;
Kein Eigennutz, kein Eigenwille dauert,
Vor ihrem Kommen sind sie weggeschauert.

Es ist, als wenn sie sagte: Stund um Stunde
Wird uns das Leben freundlich dargeboten,
Das Gestrige ließ uns geringe Kunde,
Das Morgende, zu wissen ist's verboten;
Und wenn ich je mich vor dem Abend scheute,
Die Sonne sank und sah noch, was mich freute.

Drum tu wie ich und schaue, froh verständig,
Dem Augenblick ins Auge! Kein Verschieben!
Begegn' ihm schnell, wohlwollend wie lebendig,
Im Handeln sei's, zur Freude, sei's dem Lieben;
Nur wo du bist, sei alles, immer kindlich,
So bist du alles, bist unüberwindlich.

Du hast gut reden, dacht ich, zum Geleite
Gab dir ein Gott die Gunst des Augenblickes,
Und jeder fühlt an deiner holden Seite
Sich augenblicks den Günstling des Geschickes;
Mich schreckt der Wink, von dir mich zu entfernen -
Was hilft es mir, so hohe Weisheit lernen!

Nun bin ich fern! Der jetzigen Minute,
Was ziemt denn der? Ich wüßt es nicht zu sagen;
Sie bietet mir zum Schönen manches Gute,
Das lastet nur, ich muß mich ihm entschlagen;
Mich treibt umher ein unbezwinglich Sehnen,
Da bleibt kein Rat als grenzenlose Tränen.

So quellt denn fort! und fließet unaufhaltsam;
Doch nie geläng's, die innre Glut zu dämpfen!
Schon rast's und reißt in meiner Brust gewaltsam,
Wo Tod und Leben grausend sich bekämpfen.
Wohl Kräuter gäb's, des Körpers Qual zu stillen;
Allein dem Geist fehlt's am Entschluß und Willen,

Fehlt's am Begriff: wie sollt er sie vermissen?
Er wiederholt ihr Bild zu tausend Malen.
Das zaudert bald, bald wird es weggerissen,
Undeutlich jetzt und jetzt im reinsten Strahlen;
Wie könnte dies geringstem Troste frommen,
Die Ebb und Flut, das Gehen wie das Kommen?

Verlaßt mich hier, getreue Weggenossen!
Laßt mich allein am Fels, in Moor und Moos;
Nur immer zu! Euch ist die Welt erschlossen,
Die Erde weit, der Himmel hehr und groß;
Betrachtet, forscht, die Einzelheiten sammelt,
Naturgeheimnis werde nachgestammelt.

Mir ist das All, ich bin mir selbst verloren,
Der ich noch erst den Göttern Liebling war;
Sie prüften mich, verliehen mir Pandoren,
So reich an Gütern, reicher an Gefahr;
Sie drängten mich zum grabeseligen Munde,
Sie trennen mich, und richten mich zugrunde.

Lebensdaten der im Buch beschriebenen Frauen

Cornelia Friederica Cristiana Goethe, Goethes Schwester
geboren am 07.12.1750 in Frankfurt a. M.
gestorben am 08.06.1777 in Emmendingen
heiratete am 01.11.1773 den Juristen Johann Georg
Schlosser; der Gedanke, sich einem Manne hinzugeben,
war ihr widerwärtig!

Anna Katharina Schönkopf (genannt Käthchen oder Annette)
geboren am 22.08.1746 in Leipzig
gestorben am 20.05.1810 in Leipzig
Während des Studiums 1766 – 1768 in Leipzig war sie
die Freundin Goethes; 1770 heiratete sie den Juristen
Christian Kanne;
Goethes Alter = 17/19; Annettes Alter = 20/22;

Friederike Elisabeth Brion
geboren vermutlich am 19.04.1752 in Niederrödern/Elsass
gestorben am 03.04.1813 in Meißenheim bei Lahr
Liaison Goethes in Sessenheim während des Studiums
in Straßburg 1770 – 1771; sie blieb ledig;
Goethes Alter = 21; Friederikes Alter = 18;

Charlotte Sophie Henriette Buff
geboren am 11.01.1753 in Wetzlar
gestorben am 16. 01. 1828 in Hannover
Goethes Liaison in Wetzlar 1772. Sie war bereits
seit 1768 verlobt und heiratete am 04.04.1773 den
Legationssekretär Kestner.
Goethes Alter = 23; Lottes Alter = 19;

Anna Elisabeth Schönemann (genannt Lili)
geboren am 23.06.1758 in Offenbach a. M.
gestorben am 06.05.1817
Verlobte Goethes 1775 in Offenbach; Goethe flüchtete
kurz nach der Verlobung; Lili heiratete 1779 Baron von
Türckheim;
Goethes Alter = 26, Lilis Alter = 17;

Charlotte Albertine Ernestine von Stein
geboren am 25.12.1742 in Eisenach
gestorben am 06.01.1827 in Weimar
11-jährige platonische Liebe zwischen Goethe und
der seit 1764 verheirateten Hofdame von Stein; 1775 –
1786 in Weimar und Großkochberg;
Goethes Alter = 26/37; Charlottes Alter = 33/44;

Faustina Antonini
geboren / gestorben unbekannt
geborene di Giovanni; Tochter des Gastwirtes der
„Osteria alla Campana"; feurige Römerin, die Goethe
1788 erstmalig die Freuden eines Liebeserlebnisses
schenkte;
Goethes Alter = 39; Faustinas Alter = 24;

Johanna Christiane Sophie Vulpius
geboren am 01.06.1765 in Weimar
gestorben am 06.06.1816 in Weimar
Goethes Liebesabenteuer 1788 – 1806; sie war bürger-
licher Herkunft; 25.12.1789 Geburt seines Sohnes August; 19.10.1806 Heirat; Goethes Ehefrau bis zum Tod
1816;
Goethes Alter = 39/57/67; Christianes Alter = 23/41/51;

Silvie von Ziegesar

geboren am 21.06.1785 auf Gut Drackendorf bei Jena
gestorben am 13.02.1858 in Großneuhausen bei Buttstädt;
Goethes Liebesabenteuer 1802 – 1809 in Drackendorf
und Jena trotz der gerade geschlossenen Ehe mit Christiane Vulpius; Sie heiratete am 21.06.1814 den Professor für Theologie in Jena August Koethe;
Goethes Alter = 53/60; Silvies Alter = 17/24;

**Christiane Friederike Wilhelmine Herzlieb
(genannt Minchen)**

geboren am 22.05.1789 in Züllichau in der Mark Brandenburg; gestorben am 10.07.1865 in der psychatrischen Heilanstalt Görlitz;
sie erweckte ab 1807 die Aufmerksamkeit Goethes, der für sie der „liebe alte Herr" war; heiratete 1821 den ungeliebten Professor Karl Walch; fiel in geistige Umnachtung;
Goethes Alter = 58, Minchens Alter = 18;

**Elisabeth Catharina Ludovica Magdalena Brentano
(genannt Bettina, auch Bettine)**

geboren am 04.04.1785 in Frankfurt a. M.
gestorben am 20.01.1859 in Berlin
bemühte sich 1807 – 1811 sehr um Goethes Gunst;
Goethe hatte an ihr keinerlei erotisches Interesse;
1811 ernstes Zerwürfnis mit Goethe; sie heiratete im gleichen Jahr den Dichter Achim von Arnim; sie traf sich gar 1842 mit Karl Marx;
sie verfasste 1852 das Buch mit dem Titel „Gespräche mit Dämonen"
Goethes Alter = 58; Bettinas Alter = 22;

Marianne von Willemer
geboren am 20.11.1784 in Linz (?)
gestorben am 06.12.1860 in Frankfurt a. M.
Goethes heißes Liebesabenteuer 1814/15 in Frankfurt
und Heidelberg mit der seit 27.09.1814 (!) mit dem
Bankier Johann von Willemer verheirateten Marianne;
sie dichtete für seinen „West-östlichen Divan", ohne
dass er es offenbarte; es entstand eine beiderseits verzehrende, leidenschaftliche Liebe zwischen den beiden
Goethes Alter = 65; Mariannes Alter = 30;

Theodore Ulrike Sophie von Levetzow
geboren am 04.02.1804 in Löbnitz
gestorben am 13.11.1899 in Leitmeritz in Nordböhmen
als Ehrenstiftsdame
Sie war Goethes letzte große Leidenschaft;
Goethes Alter = 72; Ulrikes Alter = 17;

Quellenverzeichnis

Goethe in vertraulichen Briefen seiner Zeitgenossen: von Wilhelm Bode, neu hg. von Regine Otto und Paul-Gerhard Wetzlaff, Berlin und Weimar, 1979

Johann Wolfgang von Goethe: Berliner Ausgabe, Poetische Werke, Berlin und Weimar, 1964

Goethes Briefe in drei Bänden: hg. von Helmut Holzhauer, Berlin und Weimar, 1970

Friedrich Wilhelm Riemer: Mitteilungen über Goethe, Leipzig, 1921

Johann Peter Eckermann: Gespräche mit Goethe in den letzten Jahren seines Lebens, hg. von Regine Otto unter Mitarbeit von Peter Wersig, Berlin und Weimar, 1982

Friedrich v. Müller: Goethes Unterhaltungen mit dem Kanzler, Stuttgart und Berlin, o. J.

Frederic Soret: Zehn Jahre bei Goethe, Leipzig, 1929

Richard Friedenthal: Goethe, München 1963, 17. Auflage, 1993

Sigrid Damm: Christiane und Goethe, Frankfurt a. M. und Leipzig, 1998

Wolfgang Klien: Goethe, München, 1998

Wolfgang Vulpius: Goethe in Thüringen, Rudolstadt, 1955

Wolfgang Vulpius: Christiane, Weimar, 1953

Angelika Reimann: Zwischen Pflicht und Neigung, Bucha bei Jena, 1999

Effi Biedrzynski: Mit Goethe durch das Jahr 1993, München, 1992

Leopold Hartmann: Goethe in Jena, Jena, 1970

Ernst Kaufmann: Goethe in Weimar, Bucha bei Jena, 1999

Ernst Kaufmann: Goethe in Jena, Bucha bei Jena, 1999

Astrid Seele: Frauen um Goethe, rowolts-monographien, Reinbek bei Hamburg, 2010

Renate Florstedt: Das ewig Weibliche zieht uns hinan, BlickPunktBuch e. V. Leipzig, 1999

http://de.wikipedia.org

Abbildungsverzeichnis

Ernst Kaufmann

wurde im April 1934 in Krasnogorsk bei Moskau als Sohn deutscher Eltern geboren. Nach der politisch motivierten Verhaftung seines Großvaters kehrte die Familie 1938 nach Deutschland zurück.

Nach dem Schulbesuch bis 1950 erlernte er den Beruf des Werkzeugmachers im Jenaer Zeisswerk. In diesem Beruf arbeitete er in der Zahnradwerkstatt bis 1961, danach wurde er zum Jugendbeauftragten des Generaldirektors berufen.

Vor allem in dieser Zeit erwarb er große Erfahrungen durch vielfältige Arbeiten als Volkskorrespondent für Betriebs-, Regional- und zentrale Presseerzeugnisse. Nach mehrjährigem Fern- und Abendstudium qualifizierte er sich bis 1966 im Direktstudium zum Diplom-Ingenieur für die Technologie der Feinwerktechnik. Bis 1992 übte er verschiedene Leitungsfunktionen im Zeiss-Kombinat Jena aus, dem er über 40 Jahre die Treue hielt. Im gleichen Jahr begann er eine Tätigkeit als freiberuflicher Journalist, bis 1995 als Redakteur des Stadtinformationsheftes JENALive, das er auf historische und kulturhistorische Themen ausrichtete. 1996 erschien das erste von bisher zwölf Büchern. Mit großer Begeisterung konzentrierte er sich vor allem auf Texte zu den deutschen Klassikern.

Vorankündigung November / Dezember 2011

Die Ehrung Goethes mit einem Denkmal sieht man vielerorts. In diesem Buch lernt der Leser Goethe von einer Seite kennen, die den Dichterfürsten von Sockel holt und zu einem Mensch macht, der mit viel Schalk, Humor und Ideenreichtum das Leben genießt und zum Menschen wird, den man anfassen kann. Der Autor Ernst Kaufmann hat gesucht und wurde fündig. Bildnisse aus der Goethezeit ergänzen das liebevoll gestaltete Buch und runden es ab.